作 者
夢之儀

嘉禾流光

——追尋嘉興文化名人的足跡

序

　　如果吹牛可以不繳個人所得稅的話，那麼，我可以放心而大膽地吹牛：我是「看」著夢之儀由散文家成為學者的。這麼說，並沒有看輕散文家的意思，好的散文家也無不是學者、思想家，但那種咿咿呀呀、哼哼唧唧的散文卻由俗套成濫調而往往令人過目即忘，當然抒發一點個人的小情小調無傷大雅，有益健康。這樣的文字夢之儀大概也寫得得心應手，從好處上講，感性、細緻，能夠捕捉到心底的很多微妙；可另外一方面，也未免千篇一律、缺少個性，辛苦十年也難得換來大境界，反倒如鑽木的蟲子，鑽得越深自我限制得越緊，空間也反而更狹小了。而《嘉禾流光》中的文字不一樣了，有小女人的才情，也不乏大丈夫揮揮手送走歷史煙雲的俐落，當然，時不時也有老學究的掉書袋。

　　我想，夢之儀沒有要做學者去嚇唬那些博士們或去搶他們飯碗的意思，她所做的這一切都是緣於對嘉興這方水土、歷史文化的熱愛，這種熱愛如乾柴燃起了她興趣的烈火，並背起行囊付諸行動。你看她寫西塘的文字，恨世人不賞西塘夜色的急切心情，如懷抱美玉無人賞識一樣地連連頓足。並非科班出身的夢之儀，要寫不同時代的各色人物，可以說並非易事，除了現場的考察，她在背後要下的功夫更不知有多少，常常為一條資料奔波於圖書館之間，常常要補很多科班之士習以為常的課。我常常驚歎於她的有心，比如整理

方令孺的書信，在很多人那裏不過是有心無肺的事務性工作，在她卻從文字間捕捉到一個寂寞女詩人的心境，而且聯繫到很多與方令孺有過交往的人，連方家高齡的保姆都拜訪到了。如果說夢之儀的「學者之路」還很漫長的話，那麼她的這種熱情、這股勁頭就是最好的引路者。更何況，隨著她的深入學習，她逐漸找到自己的興趣點和努力方向，文章中的引號和書名號越來越多了，儼然一幅學者派頭了！

嘉興是我素來敬重之地，這不僅有一連串我仰慕的歷史文化名人，還讓我在一個浮躁的時代中看到了文化的根柢。僅憑我有限的接觸，也加深了我「學在民間」的印象，因為在教授、博導帽子漫天飛的大學中，我越來越少見到他們對學術的熱情、專注，更難看到他們那份「白心」。然而，在吳藕汀先生的書房中、筆記裏，在鄔燮元先生的刀痕中，在范笑我先生的書局裏，乃至在夢之儀的這份書稿中，我看到了他們為自己熱愛的事情傾注心力的心定氣閒，並由此養成了他們獨特的生活方式。我知道嘉興這樣的高人還有很多，豐厚的歷史文化給了他們底氣，他們所做的事情與功名利祿無關，卻與精神、靈魂緊緊擁抱。當代社會應當接納和充分認識到這些文化成果的價值，或許他們沒有頭銜、職稱，但他們的行為本身就是一種文化命脈薪盡火傳的體現。

每次來嘉興都匆匆忙忙，許多想仔細品味之處總難如願，常常引以為憾。但有了夢之儀的這些文字，我走馬觀花的印象得以加深，浮光掠影中產生的疑竇得以解答，我彷彿又隨著作者的筆來拜訪一個個前輩。梅花庵飄雪的時候，我不能來與朋友們高談闊論，讀讀夢之儀的文字望梅止渴吧。有許多細微的地方，夢之儀發揮她散文家的功底都一一捕捉到了，讀這樣的文字也讓我生出很多另外的感慨。比如沈曾植的故居，今年春天一個落雨的日子，我也曾造訪過，給我的印象正如夢之儀所說的冷寂。屋子，庭院，都給

人以陰冷的感覺，再加上寥寥無人，真讓人感歎一個學者的命運。我當時就在想，今人在拍賣市場上到處炒賣他的字，對他的學問卻往往不置一詞，實在是因為我們的淺薄，因為他的學問，我們接續不下來，自然也談不出什麼，而字嘛，反正可以不懂裝懂地品評幾句，更重要不是都說好嗎，不是值錢嗎？我想老先生如果在世會怎麼看？對於那個時代的學者屢屢稱讚他的字寫得好，而對真正嘔心瀝血的東西卻裝作視而不見，他會不會苦笑、長歎？就像今天的人會操作電腦已算不得什麼一樣。他的這份寂寞讓我覺得夢之儀用「新」和「舊」來評價未免嚴苛了一點，畢竟每個人有每個人的生命體驗、文化世界，這是不可以借貸、移植的，一個時代有弄潮兒，也有觀潮者，還會有逆流上的人，選擇不同，未必有高下之分，對此，我往往對那些時評不存好感，認為有些事情沒有人們說的那麼嚴重，包括對朱竹垞。

　　扯遠了，回到夢之儀這裏來吧，如果以她的並不資深友人的身份也嚴苛地要求她的話，我覺得隨著興趣的深入，她應當深入到這些人的心靈世界中，讓大家觸摸先賢靈魂的同時，能夠感受到他們的精神，這一點，目前的文字中似乎少了一點，但夢之儀並非做不到，因為很顯然她已是被這種文化所化之人了，只要再能從故紙堆裏跳出來，用自己的生命去碰撞一個個遠去的生命，相信會有更閃亮的火花迸出來的。

周立民
2008年6月20日於竹笑居

目次

梅花翠竹伴清風
——吳鎮故里梅花庵

一

　　嘉善地處浙江省北部，自明宣德五年（1430）從嘉興縣析出，定縣治於魏塘鎮。嘉善自古以來是魚米蠶絲之鄉，中學的歷史課本上曾提到過魏塘，有民謠謂「買不盡的松江布，收不盡的魏塘紗」，這是在明代，說明當時紡織業發達之空前。教科書上提到自己的家鄉，雖然多少覺得意外，但那時年少無知的我們，哪裡懂得魚米布匹的珍貴，看見只不過是「紗」，也就淡淡地過去了。這種感覺平淡了十多年，及至成年後再次看到這句話時，才感覺到了其中的份量，我為自己的家鄉而深深地自豪。

　　「家鄉」是一個非常溫暖的字眼，我的家鄉除了溫暖之外，又厚重，這除了有「魚米之鄉」的美譽外，還因為出了個大畫家吳鎮。

吳鎮紀念館吳鎮雕像（夢之儀攝）

吳鎮（1280－1354），元代傑出畫家，字仲圭。他愛梅花，在居處遍植梅花，所以號梅花道人、梅沙彌等，他的住所又多橡樹，故又號橡林書生。吳鎮擅畫山水、竹石，又常常題詩其上，時人稱為詩書畫三絕。

　　吳鎮所處的時代，正值元代中後期，時世動盪。社會的急劇變化隨之帶來審美趣味的變化，在繪畫藝術上，元代畫家突破以往院體畫的束縛而自由地發展，他們重視主觀意興的抒發，以簡逸為上，求神似重筆墨，以黃公望、王蒙、吳鎮和倪瓚為代表的「元季四大家」，充分發揮筆墨韻味在繪畫中的作用，以山水寄情、借竹木言志，使詩書畫有機地融為一體，形成了以「文人畫」為主流的山水畫派。

　　文人畫是畫中帶有文人情趣，畫外流露著文人思想的繪畫。王維以詩入畫，後世奉他為文人畫的鼻祖；宋代蘇軾、文同等人，在王維的文人畫派基礎上，以書法入畫，實踐並發展了其水墨技巧，推動了文人畫的發展；元代士人把繪畫作為移情寄興的手段，寄心跡於筆墨，個人心緒頗為突出，元四大家將文人畫推向了成熟期。

　　後人評價吳鎮的文人畫成就非常高，他的山水畫，時常於海闊天空的江河湖海之間畫一葉扁舟載浮載沉，表現動亂的社會現實中知識份子的隱逸理想。明代大書家董其昌評元四家山水畫時認為：「吳仲圭大有神氣。」

　　由於吳鎮在書畫藝術上的傑出成就，後人對其倍加推崇，明代沈周、董其昌、文徵明、姚綬等人的山水，清代吳歷、石濤、蒲華等人的竹石，多受其影響。開創吳門畫派「明四家」之首的沈周，晚年篤好吳鎮，不僅宗其山水，又把其寫竹技法也融入自己的作品中，他聲稱「梅花庵主是吾師」，並在題吳鎮《水墨冊》中寫道：「而今橡林下，我願執掃訊」，對吳鎮作品心摹手追。那年他孤零零地來梅花庵憑弔，秋風陪伴他，而橡樹不見半點春色。我不知道

他後來又多少次來過梅花庵，但這樣一份心緒的表白一定是非常真誠的。

二

吳鎮紀念館坐落在魏塘鎮花園路178號，門前一對明代石獅，石庫門上方是「吳鎮紀念館」幾個字。走進紀念館，一塊場地中央，首先看到的是吳鎮的花崗岩雕像，右手執著毛筆，神態安詳，一位飄逸灑脫的儒生形象。雕像是由老一輩雕塑家陳道坦先生完成的。

在吳鎮石雕像的南面和西北角的牆上，是吳鎮竹譜冊碑廊和漁父圖碑廊。吳鎮畫竹喜歡以簡淡的水墨來表現竹子的靈性。他筆下的竹子，枝葉扶疏有態，葉葉舞風著聲，他將自己寧靜淡泊的心態付於竹子間。明代書畫家、鑒賞家李日華高度評價吳鎮墨竹「法韻兩參」。碑廊中的竹譜冊共二十二幅，畫面中姿態各異的竹子，筆法簡潔蒼勁，為吳鎮傳世墨竹畫中的精品。山水畫

吳鎮《洞庭漁隱圖》

中，吳鎮喜作漁父題材的畫，常常在高樹遠山間任一葉扁舟出沒，泛滄波、釣清風，畫面清新飄逸，作者以此來寄託自己的情志。他的「漁父圖」大都以秀勁瀟灑的草書「漁父詞」相配，詩書畫相得益彰。借漁父隱喻，吳鎮將文人畫的意趣發揮得淋漓盡致。

漁父圖碑廊之東，有曲水名彩筆溪，又有亭名寒碧亭，北為彩筆軒。

吳鎮像北寒碧亭東為遽廬，主要陳列吳鎮書畫作品，內有沙孟海題寫的匾額：「元代畫家吳鎮陳列室」。吳鎮陳列室分生平傳略、藝術成就、高士風範三個部分。吳鎮像及吳鎮世系記載，主要來自吳氏家譜《義門吳氏譜》，《義門吳氏譜》現藏浙江平湖圖書館。據載，吳鎮祖上曾貴為宋朝權臣，吳鎮祖父在南宋時從汴梁移家嘉興，定居魏塘。吳鎮性情孤高耿直，南宋亡國之痛令他隱居不仕，一生隱逸於詩文書畫佛易江湖間。比照與吳鎮差不多時候的趙孟頫，吳鎮的確很了不起！人品相差太大，影響到書風，趙秀麗媚俗，吳圓渾雄健，不可同日而語。

這旁有一幅地圖，勾略了吳鎮行走的路線。吳鎮的江湖，足跡主要留在江南一帶，又以留跡太湖最多，我想像著他是怎樣面對太湖寫生的，面對著如夢如幻的太湖他在想些什麼，他的行囊裏是不是一日沒有離開過他的筆墨紙硯……

邊上還有一幅嘉興的城區方位圖呢，原來在吳鎮68歲時，他到嘉興春波門外的春波客舍居住了四年。在那時，他與友人會於精嚴寺僧舍，心儀佛門，開始自稱「梅沙彌」。寫過三十卷《南村輟耕錄》的名士陶宗儀，就是在那個時候來拜訪吳鎮的。他們在精嚴寺碰面，陶宗儀拿出竹居詩軸，並向吳鎮索要墨竹圖。吳鎮畫的是野竹，並以狂草書題野竹詩其上。這是文人之間的交流，但吳鎮作為元四家之一，少與文人墨客詩詞唱和、書畫往來，陶宗儀作為趙孟頫的外甥，對吳鎮恐怕傾心已久，他來到嘉興，也就做了一回追星族。

吳鎮自題的墓碑

在吳鎮陳列室，有一塊他自題的墓碑非常醒目：梅花和尚之塔。據傳吳鎮精於奇門先天易言，明正德《嘉善縣誌》記載，吳鎮未歿時，嘗預題其墓曰：梅花和尚之塔。墓碑左細刻：生至元十七年庚辰七月十六日，右刻：歿於至正十四年甲午。後果如期坐化。元末寇亂，古塚多被毀，唯此墓疑為僧塔而全。所謂「塔」者，在佛像出現以前，佛教以佛塔代表佛陀的涅槃，後泛指僧人的墓塚，而僧人之墓皆不書「塔」。吳鎮在嘉興春波客舍時雖與精嚴寺僧人過從甚密，卻不曾皈依三寶，他自題的墓碑當是獨一無二的。此碑高七尺，斷成三節，書為隸體，現僅存中者。如近看石碑，兩旁的細刻今天仍依稀可觀。

我一直以為，撰修志書是一件非常嚴肅認真的事，想來很多人是不信吳鎮預題墓碑這件事的，但志書恰恰記載了。

吳鎮另有一個是對於自己繪畫的推斷。據說，當時他和盛懋對門而居。盛懋，字子昭，是元季專業畫家，被稱作「畫工」，其作品比較符合士大夫的審美情趣，所以來他家求畫的人絡繹不絕。吳鎮之妻勸吳鎮不妨改改畫風，可吳鎮自信地說，二十年後見分曉，後果然如此。這一次，他大概只需憑著對自己繪畫的信心，不需要什麼奇門易言來預測了吧。

在吳鎮的一些作品中，鈐的印章中有一枚閒章最特別，為遽廬。「人生遽如許」，「遽」意為匆匆。匆匆而去的人生，能給人留下些什麼呢？吳鎮在他生活著的橡樹下、梅花間必定時時思考著這個問題，並為之努力著。因為他對人生的思考，才有今天我們所看到的《雙檜平遠圖》、《漁父圖》、《蘆花寒雁圖》、《秋江漁隱圖》、《竹石圖》等等。

三

在吳鎮陳列室，有一幅長長的山水畫很能吸引人的注意力，那是吳鎮在65歲那年畫的《嘉禾八景圖》。

嘉禾就是嘉興，秦始皇統一全國後，開始設置郡縣，嘉興當時為由拳縣，三國時「由拳野稻自生」，孫權視為祥瑞，改為禾興縣。後孫權立子和為太子，為避「和」字諱，改「禾興」為「嘉興」。

嘉禾一地，自古商業繁華，風光迤邐，人文薈萃。正像吳鎮所說的，「嘉禾，吾鄉也，豈獨無可攬可採之景與？」那麼，就讓我們暫且看看這是怎樣的「可攬可採之景」。

吳鎮的這幅《嘉禾八景圖》是從嘉興之西到東一路畫來的，分別為空翠風煙、龍潭暮雲、鴛湖春曉、春波煙雨、月波秋霽、三閘奔湍、胥山松濤、武水幽瀾八大景觀。

第一景「空翠風煙」，空翠亭在本覺寺，現在嘉興西郊新塍一帶。當年蘇東坡三訪本覺寺方丈，三次留下了題詩，後人在此建三過堂紀念蘇公，今天的攬秀園裏還保存了明清時三過堂記的石碑三塊。空翠亭四周有竹十餘畝，景色迷人，吳鎮在畫上提到的名勝還有萬壽山、檇李亭。檇李是嘉興更早的別稱，見於春秋，嘉興為古檇李地，郡邑多產佳李，地因以果名。春秋時吳越兩國發生的檇李

之戰，就發生在這一帶。考古學
家、我的同鄉前輩張天方博士在
此作吳越界地調查，那是民國時
候的事了。一幅空翠風煙，把人
們的思緒牽扯得好遠。

「龍潭暮雲」之龍潭在嘉興
西門通越門外，三塔寺前的大運
河一段。傳説此地有惡龍興風作
浪，唐代僧人遂建三塔而鎮之。
1926年，美國出版的《國家地
理》雜誌以三塔作封面，三塔是
京杭大運河上的標誌性建築。這
裏原還有茶禪寺，也是為了紀念
蘇東坡來嘉興品茶參禪而建的。
雖然蘇東坡可能沒有在三塔下
船，但他是何等可愛，人們願
意永久地紀念他，嘉興人一樣不
例外。

「鴛湖春曉」在嘉興城南
澄海門外、真如寺北，即現在的
西南湖。舊時湖中有長堤，分東
西兩湖，兩湖似鴛鴦交頸，又説
湖中產鴛鴦，後來就稱鴛鴦湖
了。真如寺有真如八景，真如寺
東為放鶴洲。唐德宗時，名相陸
贄在放鶴洲建宅園，稱鶴渚，唐
宣宗時，宰相裴休在此建別墅

嘉興三塔（浦愉忠攝）

名裴島，南宋時，朱敦儒辟裴島為放鶴洲，其時，詩人陸游與朋友往訪，留下了關於放鶴洲的詩章。《放鶴洲》圖有多幅，項聖謨作《放鶴洲》圖收於故宮博物院，被列為國寶。

「春波煙雨」之春波門是嘉興東門。春波門外即是南湖，近代，鴛鴦湖成了南湖的雅稱，南湖中有煙雨樓。明代嘉興被譽為「東南一都會」，南湖遊覽興盛，清代以詩人吳梅村為首的江南人士在南湖舉行十郡大社，湖上名人雲集，連舟百艘。吳梅村感懷吳昌時而寫的《鴛湖曲》詩，就寫到了當年南湖之盛況：「酒盡移船曲謝西，滿湖燈火醉人歸。明朝別奏新翻曲，更出紅妝向柳堤。歡樂朝朝兼暮暮，七貴三公何足數；……」。2007年新年裏的一天，我和朋友白楊草走訪《嘉興市志》主編史念老先生。那天窗外冬雨蕭蕭，屋內則春意融融，我們三人共讀《鴛湖曲》，我們讀一句，停下來，史先生講解一句，讓人想起課堂上的情景，是非常溫馨的一幕。

「月波秋霽」之月波樓在舊嘉興的小西門即水門。月波樓內金魚池，是我國人工金魚的發源地。

「三閘奔湍」之杉青閘，在北門望吳門外，南通錢塘、北抵姑蘇，船隻都要由此過閘，舊時這裏帆檣如林、亭台如畫，景色宜

南湖晚霞（浦愉忠攝）

人。西岸有落帆亭，因大運河上的船隻過閘落帆而得名。此地為宋孝宗的誕生地，亭後原有嘉禾墩，就是「野稻自生」的地方。稻是江南一帶最重要農作物，應該是在野稻出現之後的事吧？那麼此地對嘉興人有著不可言喻的重要了。

「胥山松濤」在嘉興東十多裡，伍子胥在此地紮營，山西麓舊有石橫陳，長丈餘，為伍子胥磨刀石，山上有伍相國祠，山間長滿松樹。

「武水幽瀾」之幽瀾泉在嘉興東三十六裡的魏塘鎮上，魏塘也稱武水、武塘，畫上浮圖七級泗洲塔高聳，可惜今日塔已不存，唯有幽瀾泉至今寂寂地獨守一方天地。

吳鎮的山水，在技法上遠師五代董源、巨然，取其披麻皴和點苔之法，丘陵、坡石層層皴染，樹皮又以長披麻皴來皴寫，他的很多山水畫都有這樣的特點，但嘉禾一地多平原，這幅長長的《嘉禾八景圖》，就以點簇作小樹，亭臺樓閣橋樑寺塔，時隱時現，每一景之間，又以詞斷開，卻一氣呵成，山水起伏，層次豐富，墨色之中見深淺，濃淡之間顯榮枯，用寫意的筆墨，把當時嘉興名古跡盡收一幅，比之《清明上河圖》，實是各具千秋。

吳鎮《嘉禾八景圖》為羅家倫先生生前珍藏，在他逝世後，由他夫人代為捐贈臺北故宮博物院。

四

走過吳鎮石雕像西面的圓洞門，分兩部分，北園為梅花庵，南園是辦公區。

梅花庵的山門上是董其昌題寫的「梅花庵」三個字，董其昌為明代著名書家，「梅花庵」三字峻秀挺拔，山門的背面是「竹苞松茂」的磚雕，庭院左右各植臘梅一叢，每到臘月時節，盛開的梅

花映著黑牆白字的山門，甚是耀眼。往西走，穿過月門，南是梅花亭，北則吳鎮墓，東有八竹碑廊，西為草書心經碑廊。

吳鎮墓坐北朝南，墓基用條石砌成八角形，墓壁則成圓形，泥土封的頂呈圓錐形。此墓為明代嘉善知縣謝應祥於萬曆年間重修，次年謝應祥又題刻了墓碑，墓碑上書篆書「此畫隱吳仲圭高士之墓」。在謝應祥題碑之前，墓前便是吳鎮自題「梅花和尚之塔」的斷碑。墓前側有梅花泉。墓高高的大大的，我想起，我們在當塗，看到的李白墓也是高高的圓圓的，就是還要大得多，我們沿著四周的墓道靜靜地走了三圈。吳鎮墓的四周是不通的，墓後翠竹掩映，來這裏，我們常常會默默地拜祭。這裏經常是很安靜的，我每次來，除了同來的幾個朋友，很少碰到別的人。梅花和尚一生喜歡隱逸喜歡安靜，這樣的環境也許正適合他，是他喜歡的。但是有誰會經常地祭奠他呢？我放眼四周，唯有梅花啊，唯有梅花年年來祭奠梅花和尚。記得那年下了好大的雪，我的朋友夢裏水鄉趕了老遠的路從當湖來梅花庵，那帶雪的梅枝映在八竹碑映在梅花亭，那份冰雪的美麗如此地動人，幾乎讓我們驚呆！雪後的梅花，無雪的梅花，你是永恆的，你是梅花和尚永遠的伴侶……

如果想安靜地待上一陣子，不妨到梅花亭坐坐，亭內有石凳石桌。明正德中，縣丞倪璣建亭，初為草亭，名「暗香浮月」，歷經

修葺，易草為瓦，後名梅花亭。不論名是「暗香浮月」還是名「梅花」，不變的是年年寒冬裏的花香，清幽醉人！

梅花亭像梅花一樣盛開在吳鎮墓前，匾額上的「梅花亭」三個字是清光緒年間縣令江峰青題寫的，亭中有明代文學家陳繼儒撰並書寫的《修梅花道人墓記》的石碑，正對著道人的墓。

梅花亭西側為洗筆池，洗筆池之西為「千虹閣」，為紀念張大千、黃賓虹而建。張大千一度隱居於魏塘鎮瓶山街，多次拜謁梅花庵，吳鎮陳列室內有一幅張大千和他的好友在墓邊的合影，照片中，留著鬍子的是張大千，戴著帽子的是黃賓虹，此外還有名畫家賀天健等人。

在墓的東側回廊上置有吳鎮「八竹碑」。明代有名的書畫收藏家李日華深愛吳鎮的墨竹，他選了家藏仲圭畫竹八幅，刻石八方，置梅花庵中。這八塊碑清初被宦遊者攜去，康熙時錢書樵據原拓本重刻，才使遺跡得以復存。

吳鎮畫竹師文同，他一生對文同推崇之至。文同與蘇軾之寫竹，開創了文人畫的新境界。文同，北宋畫家，字與可，人稱石室先生，元豐初年出任湖州知州，未到任而死，人稱「文湖州」。他善詩文書畫，尤擅墨竹，主張畫竹必先「胸有成竹」。吳鎮在《竹

八竹碑（夢之儀攝）

譜》中論文同之墨竹：「獨文湖州挺天縱之才，比生知之聖，筆如神助，妙合天成，馳騁於法度之中，逍遙於塵垢之外，從心所欲，不逾準繩。」「墨竹風韻為難，古今所以為獨步者，文湖州也。」這樣的論調，在吳鎮其他竹譜中比比皆是，他自謂「力學三十秋，始可窺與可一二」，乃至畫竹半生，「晚年筆法似湖州」，終是得了正果。八竹碑之竹，葉葉著枝，枝枝著節，筆筆有生意，面面得自然，胸有成竹，筆墨兩忘，正所謂「始由筆研成，漸次忘筆墨，心手兩相忘，融化同造物。」

在墓的西側有吳鎮「草書心經」碑廓。吳鎮書法有唐代懷素和五代楊凝式的筆意，筆勢宛轉流麗。在草書心經碑的一旁，是記載這石刻的來歷經過。上面不僅有草書心經的內容，還有政治家、書法家劉墉等人的題跋。

吳鎮書法多見諸於他的畫上，草書《心經》是他唯一獨立成幅的書作，現藏北京故宮博物院。今天仍蟄居在古鎮西塘的書法家孔慶宗先生評吳鎮草書《心經》：「點畫濃重處筆力直透紙背，深沉雅健，飄逸處雖細如毫髮，而使轉屈曲如萬歲枯藤，時露飛白，若隱若現如遠山蒙雲，迷惘恍惚，而布白疏朗多姿，似無法實法備。字字顧盼，行行映帶，既極盡變化，又歸於平正，筆意連綿如行雲流水，……」又說：「總論吳鎮草書《心經》，學張旭而去其怒張，法懷素而泯其誇張，得五代楊凝式之沉著，有三代金文之古質，動中寓靜，柔中寓剛，筆勢凝重而不滯，飄逸而不偏軟，有深刻之內涵，無浮躁之跡象，行款錯落聚散而別有韻致，結體奇特而不怪誕……」孔先生認為，吳鎮「草書《心經》，是和趙孟頫書風相對立的一座草書豐碑」，吳鎮「不但是有元一代傑出的文人畫大家，更是有元一代獨一無二的草書大家。」我在寫作本文之前，非常及時地得到縣文聯主席曹琦老師的贈書《吳鎮學術研討會論文選》，孔先生此文也收錄其內。

墓東側即為梅花庵，最早在明萬曆間為守墓而建，有前殿、後殿，北面原為僧舍。

南園主要是辦公區，門前和曲廊、扇亭前分植紅梅綠梅等梅花多枝，西廊為碑廊，陳列清代「仁本堂墨刻碑」。

五

説吳鎮詩書畫三絕，但真正提到他的詩，其實並不多，多半是在談畫的時候談到他的詩，這主要的原因，可能在於吳鎮的詩，多半是題在畫上的。明代里人錢棻收錄的《梅道人遺墨》，記錄了吳鎮的題詩、詞、跋等百餘首，清代顧嗣立將《梅花庵稿》收錄在《元詩選》裏。

吳鎮畫過很多竹子，也寫過很多竹子的詩。野竹是他畫中的一種，他這樣題詩：「野竹野竹絕可愛，竹葉扶疏有真態。」他寫懸崖竹：「俯仰元無心，曲直知有節。空山木落時，不改霜雪葉。」

他眼裏的竹子是這樣的與眾不同：「眾木搖落時，此君特蒼然。落落不對俗，涓涓淨無塵。」

和竹子在一起，吳鎮是閒情的，「我愛晚風清，順適隨所賞。」「閒窗眠色佳，靜賞歡易足。」他靜觀竹子的時候，「相對兩忘言，只可自怡悦。」那種快樂，別人是體會不到他的。

閒愁來的時候，是寫竹：「愁來白髮三千丈，戲寫清風五百竿。」心中有憂憤，還是寫竹：「心中有個不平事，盡寄縱橫竹幾枝。」

更奇的是，竹也醉人。「八竹碑」第八幅上吳鎮有題識，他説，東坡在湖州遊山時，遇風雨而畫風竹一枝於壁間，自己去時看到了，摩挲著不忍離去，實在是愛東坡的風竹圖，常常想起，故也畫一風竹，最後他説「竹醉日書也」。好個竹醉日！早年書上看到

有人以漢書下酒，心下稱奇，現今又讀到吳鎮此句，真是竹如書如酒，酒不醉人人自醉啊。想想此時的吳鎮，胸中大概只有竹子了，他是最欣賞文同的「成竹在胸」的呀。

竹子是這樣的理解他給他慰藉，他和竹子是心意相通的，不單是竹子，能夠理解他的真的很多。面對浮塵，他感歎：「幽人日無事，坐聽山鳥啼。鳥啼有真趣，對景看山隨所遇。乾坤浩蕩一浮鷗，行樂百年身是寄。」人就像天空中一飛鳥，又是時間長流中一匆匆過客而已。

因為這樣，他就更加迷醉於山水了：「林深禽鳥樂，塵遠竹松清，泉石供延賞，琴書悅性情。」我想像這個時候他就在太湖的深山裏，走得遠遠的吧，離塵世遠遠的吧，自有琴和墨帶給自己無限的快樂。

那首《漁父圖》上的題詞：「洞庭湖上晚風生，風觸湖心一葉橫。蘭棹穩，草衣輕，只釣鱸魚不釣名。」吳鎮是足用來明志的。他留連泛清波、與群鷗往來、同煙雲為伍的日子，他舉手捧起明月，舉杯則山光入杯，這是怎樣的蒼茫迷人。

詩與畫與書法，是吳鎮一生的密友知己，沒有比這樣的朋友更能理解他了，所以他又借竹子寫下這樣的詩句：「倚雲傍石太縱橫，霜節渾無用世情。若有時人問誰筆，橡林一個老書生。」老則老矣，彰顯個性的書生意氣不改。

六

説來慚愧，我們身為吳鎮的同鄉後人，卻並不經常來這裏。但是，若是有遠方的朋友來西塘，很多時候我們會一起過來。那一年，命運對我垂愛有加，也就是在這裏，我開始確定了嘉興文化名人故居的寫作。那是2004年的深秋時節，文學評論家周立民兄應邀

來西塘，在他回去之前，我和朋友庭前小雨陪他來到梅花庵，就是在吳鎮墓前，他建議我寫寫嘉興的文化名人故居，他是看到嘉興有太多太有影響的文化名人。那一刻，我心裏並沒有多大的把握，但是有很大的興趣，我說去試試吧，我很怕自己笨拙的筆根本寫不出那些我所崇尚的文化名人的丰采，但是我還是決定了下來。隨後的那些日子裏，我開始了這個文化之旅的緩慢的閱讀和行走，這個系列的寫作也一直在立民兄的指導和鼓勵下進行的，漸漸地我沉迷了進去，越來越喜歡……

後來我仍陪著朋友一次次地來梅花庵，玲兒、往事、白楊草、冊子……每次朋友來，我們都願意在梅花亭坐坐，讀幾句碑文，傾心長談。梅花是安靜的、從容的，沒有媚俗的紛爭，沒有塵世的爭豔，恰如我們的心境，一樣安靜而從容。

憶昔者陳繼儒駕扁舟過武塘訪求梅花道人墓，長揖榛莽中，徘徊良久，滔幽瀾泉水種梅花數枝於墓上，招其魂而歸之，正可謂愴然涕下，令今天的人們讀來唏噓不已。

吳鎮是在橡樹的秋風送爽中離去的，至萬曆初年，橡樹也隨秋風而偃，陳繼儒來梅花庵時，大約橡樹已經蕩然無存了，今天在梅花庵，我當然更找不到這樣的樹，好在梅花翠竹陪伴著畫家長眠。

如今的梅花古庵，梅花傲霜，青竹含翠，一派生機盎然。比橡樹先行消逝的是吳鎮其人，和梅花翠竹永存的是吳鎮的人格和畫風。我想，這正是梅花庵經久不衰之所在。

2007年1月

朱彝尊與曝書亭

——朱彝尊故居

冬日的曝書亭非常安靜，人們三三兩兩地，或靜坐在六峰亭、曝書亭一隅，或閒走在娛老軒、潛采堂門前，或駐足在醞舫的牆邊。這個溫暖的冬日，我們走在小園的石板路上。想起幾百年前日日走在這條石板路上的庭園主人朱彝尊，他曾經非常自豪地說：「擁書八萬卷，足以豪矣。」潛采堂便是他的藏書樓，而曝書亭正是他曬書的地方。

朱彝尊，清初著名學者和詩人，被尊為「一代文宗」。他字錫鬯，號竹垞，晚號小長蘆釣魚師，又號金風亭長。朱彝尊出生在一個破落的書香之家，曾祖父朱國祚為明代狀元，官至戶部尚書兼武英殿大學士，這是朱氏最顯赫的一代。到了朱彝尊父親那一代，家道已經中落，但朱彝尊鍾愛讀書，某年大旱，家中無以舉炊，卻依然書聲朗朗。他自小在叔父的指導下棄八股而習《左傳》、《楚辭》、《文選》等，由此打下了古文的堅實基礎。

冬日的曝書亭（夢之儀攝）

朱彝尊出生於嘉興碧漪坊，青年時期因避兵亂而四處遷徙，梅會裡是幾度搬遷後的結果。

梅會裡，今嘉興王店鎮，鎮名的來歷與五代時期一個名叫王逵的人有關。王逵官至工部尚書，因不滿官場黑暗而辭官隱居於此，志書上說：「自逵構屋於梅溪，聚貨貿易，因名王店。」又「鎮遏使王公逵居此，環植梅花，故稱梅裡」。市河梅溪沿主街流入長水塘。王店以「梅」冠名的雅稱就有梅裡、梅會、梅匯、梅會裡、梅溪、梅花溪等。和梅花一樣，王店是一個風雅之所在，這當然還因為此處有一個曝書亭。曝書亭雖則是一個普普通通的亭子，但曝書亭又豈是一個普普通通的亭子，從文化意義上說，它早已成為一種象徵，生生不息地影響後來者。清代學者馮登府在〈重修曝書亭記〉中說：曝書亭蓋「棲魂魄於此，千秋之名，身後之事，繫於一亭焉。」繼而又有「梅裡，詩海之一波也……」的讚譽，這是對朱彝尊和梅裡的推崇。今天的嘉興地方報《南湖晚報》，「曝書亭」一欄目歷史已久，其文章總是充滿了濃郁的地方人文色彩。

朱彝尊在41歲那年買宅於鄰，因宅西有竹，乃至後來他以「竹垞」自號。梅裡的悠悠長水，牽動著詩人的心。多年之後他客居北京郊外，倩畫家曹次岳畫《竹垞圖》長卷，朱彝尊當時為此而作〈百字令‧索曹次岳畫竹垞圖〉詞一闋。又經數年，因劾落職，引疾歸田的朱彝尊將此詞書於卷端，並題跋語於其後，說「因付裝池，並

《竹垞圖》，現藏於嘉興博物館

書前闋，以要和者」，於是乎出現了文壇高手相繼和詞的一時盛況。康熙三十五年（1696）朱彝尊68歲，始築曝書亭於所居荷花池南，為此他寫了〈曝書亭偶然作〉九首詩。曝書亭呈正方形，北簷下的「曝書亭」三字為清初文學家嚴繩孫所書。亭子北面兩青石柱上鐫刻杜甫詩、汪楫書、阮元摹的楹聯：「會須上番看成竹，何處老翁來賦詩。」「上番」是四川方言，指植物不斷成長。此聯還真適合曝書亭的意境。朱彝尊一生愛竹，每徙，必選有竹之地居之。如今，曝書亭南一大叢翠竹勁秀挺拔，竹葉翻飛間，曾有多少詩意在湧動。

詩詞文是曝書亭主人的一絕，竹垞之文和汪琬並驅。詩與王士禎齊名，時稱「南朱北王」，領袖詩壇。他還是浙西詞派的創始人，以他為代表的浙西詞派和以陳維崧為代表的陽羨派，在當時詞壇並峙稱雄，朱彝尊與陳維崧、納蘭性德並稱「詞家三絕」。2004年那幾個寒冷的雪夜裏，我一直就在讀和抄寫朱彝尊的詩詞，雪夜詩心繼而生夢，感覺非常的溫暖和舒暢。竹垞詩意境甚美，如他的〈閨情〉其八中有幾句：「門前種樹名烏臼，水上飛花盡碧桃。三裡霧同千里遠，九重樓恨十重高……」，據說詩人吳梅村遊橋李見其詩，讚歎道：如果遇到賀知章，你就是謫仙人了。竹垞一生漫遊，寫過好多懷古憑弔詩，友人眾多，又寫過不少酬贈之作。後人高度評價其詩：「詩至竹垞，性情與學問合。」

竹垞詩風格清新雋永，他在46歲那年客居北京郊外潞河時寫的《鴛鴦湖棹歌》，融地名、人物、出產、典故於一體，把那時的嘉興寫得搖曳生姿，令人擊節嘆服，真可稱為一部有韻的嘉興地方誌。「儂家放鶴洲前水，夜半真如塔火明。」一度在嘉興梅灣街的建築外牆，這樣的詩畫隨處可見，我每每路過此處，總要注目。

郁達夫也非常喜愛朱彝尊的詩，稱「『怕解羅衣種鶯（罌）粟，月明如水浸中庭』，豔麗極矣。」朱彝尊詩下原有注：「禾中產罌粟。相傳八月十五夜，俾女郎解衣播種，則花倍繁。」這確實是非

常奇妙的，讓人感歎大自然的非凡之力。因為這樣的詩，才有郁達夫的追憶：「鴛湖舊憶梅村曲，鴛粟人傳太史歌。」吳梅村有〈鴛湖曲〉留史，朱太史寫下棹歌傳唱。

朱彝尊《鴛鴦湖棹歌》一出，和詩、補詩、續和的延綿不絕，古代有譚吉璁、陸以諴、張燕昌等名家，當代又有詩人莊一拂、詩人兼印人沈茹菘、詞人兼畫家吳藕汀等人的和詩，有確切數量的14家，計1374首。棹歌一唱三百年，這在嘉興，成了一個非常獨特的文化現象。康昕、史念、蔡明先後有《鴛鴦湖棹歌》箋注的出版。

潛采堂在曝書亭及荷花池之西，堂內懸著「研經博物」的匾額。康熙十七年（1678）朱彝尊50歲那年應清王朝「博學鴻詞」之徵，以布衣授翰林院檢討，入史館纂修《明史》。而後二度被罷官，其後《經義考》、《曝書亭著錄》皆成。77歲那年，康熙南巡至浙江，朱彝尊四度迎駕，並在朝見時進所著《經義考》、《易書》，康熙乃以「研經博物」四字匾額賜給朱彝尊，此匾已佚，現在的匾額由書法家張宗祥所書。潛采堂的西牆上有朱彝尊石刻像，頭戴笠帽，面帶微笑，神態自若。

如今的潛采堂空空蕩蕩的，再也見不到昔日八萬卷藏書的蹤影，今人唯有懷舊而已！當年朱彝尊在〈曝書亭著錄序〉中說：「吾之書終歸不知何人之手？……書之幸與不幸，則吾不得而前知

小兒信爾在朱彝尊故居（夢之儀攝）

矣。」這確實是很悲哀的，朱彝尊一生藏書，幾經波折，最後也只是空留曝書亭而已。

說到朱彝尊的藏書，還有一些有趣的故事。他最早的藏書是自嶺南歸來訪豫章（南昌）書肆購得的五箱圖書，此時清政府興文字獄，五箱圖書盡佚。此後，朱彝尊在長達十多年的遊幕生涯中，不斷地收藏圖書，他曾用二十金購得明項氏萬卷樓殘帙，又抄得范氏天一閣、黃氏千頃堂秘本。在任纂修官時，常攜帶一名抄書手私入禁中抄錄四方所進圖書，充實自己的收藏。此事遭人告發，結果被罷官，時人謂之「美貶」。但他並不後悔，曰：「奪儂七品官，寫我萬卷書，或默或語，孰智孰愚。」

民間更是流傳著這樣的故事：一天，朱彝尊躺在荷花池旁，袒胸露肚地曬太陽，恰被微服私訪的康熙皇帝碰見，問其原委。朱歎道：「我一肚皮書派不上用場，都發黴了，曬曬太陽，免得黴爛。」康熙回京後，招其面試，見他滿腹經綸，便封了官。後來，人們在當年的荷花池旁築了一個「曝書亭」，朱彝尊曬書的故事也就廣為流傳了。這當然是不真實的，卻至少說明，民間非常推崇朱彝尊的藏書和學識。

我們漫步在曝書亭，冬日的陽光透過林間的枝葉暖暖地照在身上，和我們的腳步一樣地隨意而閒適。遙想當年，曝書亭的主人是多情的，他的《風懷二百韻》便是一個明證。風懷詩抒寫與其姨妹的私情，情意綿綿。有人認為，朱彝尊的《靜志居琴趣》一卷，皆《風懷》注解。夏承燾有詩云「朱十風懷漫斷腸，江湖情話不堪長」，寫得亦頗有情趣。竹垞晚年自編《曝書亭集》，寧願身後不入文廟也不願刪除此詩，可見其用情之深。丁紹儀在《聽秋聲館詞話》中說：「太史欲刪未忍，至繞幾迴旋，終夜不寐。」看來，下這個決心是非常不容易的，今天讀詩的人想像不出當事人當時心中那份痛苦的折磨有多深。

　　有一陣子我們坐在醖舫邊荷花池前的條石上。當年主人就在醖舫看書會客聊天喝茶，閒著的時候便漫步在小石板路上，走到青枝綠葉間，也或者到曲橋上垂釣。朱彝尊晚年回到家鄉寫詩著書，在曝書亭的日子，應該是他一生中度過的最悠閒的時光吧。早年的朱彝尊，曾活躍在各地，秘密參與了抗清的活動，這在他的詩文中也有隱晦的記載。朱彝尊從抗清到仕清到悔恨，走過了他一生漫長的道路，經歷了心靈的幾度煎熬，那麼，政治路上他又是怎樣一個人呢？

　　正當明清易代之時，與所有的熱血青年一樣，面對亂世，面對清兵的燒殺搶掠，朱彝尊的心頭充滿了悲涼和憤慨。他17歲那年，歷史上發生了乙酉之變，南明小朝廷被滅。清兵破揚州、史可法殉難，攻入南京、錢謙益迎降，嘉定三屠等，都發生在這一年。為避兵亂，朱彝尊隨家人移居鄉村。這一年，他「始學為詩」，留下了表達內心蒼涼的〈悲歌〉：「我欲悲歌，誰當和者？四顧無人，熒熒曠野。」可以想見，這個時候的青年詩人，內心是孤獨的、彷徨的、茫然的，路在何方？前途茫茫，不幸，這樣的苦悶伴了他一生。

　　朱彝尊22歲，江、浙士人在嘉興南湖集會，時稱「十郡大社」，湖上連舟百艘，聲勢不凡。朱彝尊赴會，與吳梅村等相識定交，引來吳梅村「謫仙人」之歎。之前，他的詩文受到里人曹溶的

賞識。曹溶是朱彝尊的前輩先賢，家多藏書，著作頗豐，後一輩的朱彝尊等都受到他的影響。他雖身仕明清兩朝，卻與當時大批反清、抗清義士有深交。此種情形對朱彝尊多少也有影響。

三四年後，在嘉興，朱彝尊和抗清士人魏壁相識，此後，往山陰（紹興），結識了祁氏兄弟等一批抗清義士，在廣東兩年，廣泛地結交抗清志士，尤與詩人屈大均相交更深，後屈大均到山陰，一起參加祁氏兄弟的反清活動。

這樣的思想意識，朱彝尊在詩中有所反映，如「鄉國不堪重佇望，亂山落日滿長途。」（〈度大庾嶺〉），「珍重主人投轄飲，幾回把酒意茫然。」（〈題廊下村主人壁〉），「遺恨空千載，長歌動百憂。」（〈舟次象亭山〉），「秋草六朝寒，花雨空壇。更無人處一憑闌。燕子斜陽來又去，如此江山！」（〈賣花聲·雨花臺〉）等等，表達了詩人長河落日遠、把酒意茫然的種種無奈。

朱彝尊中年之後，依然在各處飄泊，毛主席曾親筆抄錄朱彝尊在四十多歲時寫的〈解佩令·自題詞集〉：「十年磨劍，五陵結客，把平生、涕淚都飄盡。老去填詞，一半是、空中傳恨。幾曾圍，燕釵蟬鬢？不師秦七，不師黃九，倚新聲、玉田差近。落拓江湖，且吩咐、歌筵紅粉。料封侯，白頭無分！」詩寫得悲壯，也很無望，一句「料封侯、白頭無分！」引發無限的落寞，所謂功名，到底在哪裡？自己雖然博學多才，才華卻無處施展，而多年的漂泊無定，思鄉之情更濃，於是棹歌聲久久地盤旋在他的心田，百首《鴛鴦湖棹歌》而成。

徘徊彷徨的時候，轉機來了，朱彝尊50歲那年，朝廷以撰修《明史》，特開博學鴻詞科以徵博學鴻儒，當時最有名的文士，幾乎無一例外地被捲了進去，一向反清意識強烈的顧炎武、呂留良等人，雖被舉薦卻不赴，朱彝尊等人入選。朱彝尊授翰林院檢討，直至進入南書房。

人們難以理解，一個曾經積極的反清人士，怎麼會在晚年入清廷任職？朱彝尊前後的思想是不是太矛盾了？又該怎樣解釋這種現象？

　　當是時，天下形勢發生了根本性的轉變，明亡已有三十多年，國家因亂而治，社會趨於穩定，經濟平穩發展，就連顧炎武縱然抗清之志未滅，行動上也不再激烈，何況康熙皇帝不是一個平庸的人，他不但雄才大略，且勤奮好學，除了掌握幾種民族語言，還會好幾種外語，不但精通詩詞歌賦，還研究自然科學，對照晚明朝政腐敗，皇帝昏庸，奸臣當道，忠良被害，康熙皇帝不知要高明多少倍，那麼，朱彝尊之出仕，既是對齊家治國平天下儒家思想的實踐，也是對康熙皇帝的認同，他對康熙的認同，實則是對文化的認同，是一個文人對另一個文化人的認同。如果一個昏君一個暴君，你還要竭力擁戴他，死心塌地為他盡忠，那才是是非不分呢，而中國歷史上，因為根深蒂固的儒家「君君臣臣」思想，這樣的人實在太多。至於民族之間的紛爭，我向來沒有什麼偏見，漢也好，滿也好，只要是優秀的，融入進去，必是大勢所趨。

　　但是朱彝尊還是後悔了。

　　對於朱彝尊出仕一事，引人沉思的是他的〈吊李陵文並序〉一文。當年李陵忍辱投降，只有司馬遷為他辯護，說他不是怕死之徒，而「以為有國士之風」，為此司馬遷受了宮刑。後來遠在匈奴不畏強權的蘇武要回國了，他要李陵一起回去，李陵回覆說，當時不死，想有所作為，報恩於國主，可是大事未成，全族被漢皇所滅。故而朱彝尊感歎道：「嗚呼！才士之不遇於世，自古然矣。」朱彝尊借古喻今，說李陵，也是在說自己吧？他也想像李陵所說的，想有所作為，但人們並不理解他，不遇於世也。因為不被理解，才有悔意？黃宗羲八十壽辰時，他在〈黃徵君壽序〉中說：「予之出，有愧於先生。」既是對黃宗羲的敬重，也是對自己出仕的愧悔。

但我覺得其實也大不必愧悔的，明末朝政腐敗，人民處於水深火熱之中，這樣的政府還有什麼信任可言？還有什麼可託付的？所以才有李自成的揭竿而起，而出仕後的朱彝尊，借編《明史》之機，幾次要求褒獎殉明之士，又輯《明詩綜》，將抗清、遺民志士的文章悉數收入，不在這個位子上，他不可能做這樣的事，而做這樣的事，更是需要多大的勇氣和膽量啊，甚至冒殺頭的危險。

國學大師錢仲聯在與他的弟子講清詩論及錢謙益時，認為滄桑之變中，看人要看其大節，不可過拘小末。如何評價身處歷史漩渦中的人們，這是一個比較理性的尺度。

因為竹垞的出仕，他在身後招來了非議。但不管怎麼，朱彝尊給後人留下了《經義考》300卷、《日下舊聞》42卷、《曝書亭集》80卷等，還編了《明詩綜》100卷、《明詞綜》26卷等等，這些是足夠讓家鄉人引以為豪的。

《曝書亭集》

王店，更因為朱彝尊而在清初產生了名播浙西的「梅里詩派」，「梅里詩派」最終成就了王店的詩名。據史料記載，王店僅清代編纂傳世的詩詞總集就有82卷，《梅里詩集》及其續集，輯錄了當地元、明、清詩人達488家之多，詩4729首。這在一個縣以下的小鎮，是罕有其匹的。

朱彝尊謝世不足百年，浙江學政阮元來訪曝書亭，徒見滿園荒蕪，南垞北垞皆桑田，池乾荷枯一片蕭條。阮元一代名儒，才學非凡，且又是性情中人，他不忍曝書亭影跡全無，就其地重建之，於嘉慶二年（1797）建成。此前，他在試畢嘉興得以看到曹次岳《竹垞圖》，囑人摹寫一幀，把朱彝尊〈百字令〉原詞與原先的一批和詞錄於摹卷之上，再向文壇名家遍徵題詠。阮元自己在看過《竹垞圖》和曝書亭落成後，也有過幾首〈百字令〉的和詞。

阮元對於曝書亭這一文脈的傳承，使《竹垞圖》題詠活動前後綿延了兩百三十年，吸引了連續六輩的一流詞家66人的唱和〈百字令〉共74首，為此，尤裕森利用業餘時間完成了《竹垞圖·曝書亭百字令詞選注》的選編。2004中國·嘉興江南文化節系列活動之一，是以朱彝尊〈百字令·索曹次岳畫竹垞圖〉一詞為創作選題，特邀全國印學界高手名家創作了篆刻、書法各22件，《古韻鋒會留痕》便是這樣的結果。此外，中國美術學院教授山水畫家何加林根據朱彝尊這首詞的意境創作了《竹垞全景圖》。人文的氣息彌漫在曝書亭周圍，綿延了幾百年，生生不息，詩意而空靈，令嘉禾一地光彩照人。

朱彝尊不僅學問淵博、出經入史、詩詞絕倫、文章精妙，他還寫有一手好書。《節臨曹景完碑》，隸體清秀，俊美飄逸，令人嘆服。志書上又說他「亦能繪事，畫山水煙雲蒼潤，得書卷氣。」所謂書畫同源。

一代才子精魂已杳，他的風采卻永遠地留下了。今天，同樣喝著鴛鴦湖水長大的青年雕塑家陸樂，操刀重塑一代文宗雕像於嘉興西麗橋塊的草地上。一塊塊疊加起來的石頭，朱彝尊端坐其上，是在低頭沉思麼，是在寄情吟誦麼，是在靜心看書麼？而這一塊塊疊加的石塊，正如他一部部的作品。朱彝尊雕像的邊上，乃至整個環城河綠化帶，各種形式的景觀雕塑，刻著朱彝尊鴛鴦湖棹歌百首，不事張揚地分佈在各處。草地因著這些雕塑，益發地秀美了。鴛鴦湖水波蕩漾，如何讓人不動情？

嘉興西麗橋塊的朱彝尊雕像（夢之儀攝）

2005年1月初稿

2007年4月修改

大師匆匆而過的身影
——沈曾植故居

嘉興姚家埭1號是沈曾植故居。

我第一次無意中拐進這個院子時，對老屋的舊主人一無所知，直至看了介紹，才有了一些瞭解。展廳裏沒有什麼人，沈曾植像孤零零守在那裏，守著他的故園，我也感覺非常孤單，又很陌生，很快就離開了。後來，我接觸到一些嘉興地方誌，對沈曾植才加深了印象。嘉興圖書館百年慶館活動那天，正值週一。活動結束後，我有些無所事事，想到極少在雙休以外的日子來這裏，便去拜訪一起參加慶典、此時已回到辦公室的小說家薛榮，小坐之後，我們去附近的沈曾植故居參觀。除了我們，還是不見別的遊客，好在這一次，我並不孤單。再看沈曾植像，似乎也多了一份親近感。

第三次叩訪這裏已到了農曆甲申年的年底。我從圖書館出來，乘上8路公交車，一不小心過了站，從禾興北路返回南路時，感覺北風是那麼地刺骨，而街上是那麼地熱鬧，行人熙來攘往，各式車子南來北往，向店堂望去，一片火熱，人們在忙著打理年貨。我腳步寂寂地跨進這個院子，陪伴我的同樣是一片寂靜。不過，這時的我，對於王國維、王蘧常、錢仲聯、葛兆光、柯文輝等一些與沈曾植有關的名字已熟念於心，我來重訪，最迫切的，是想把老屋主人

詩中的駕浮閣、晁采樓、東軒等與現實作個比較，心想，或許還能從依稀舊跡中讀出一段故事來。

和我前兩次來時相仿，老屋依然空蕩。身後的寂寞正反襯了大師高深的學問，普通人如我們只能浮光掠影地從他的著作名稱中知道個大概，又哪裡深究得了？但寂寞又何妨呢？學問原本從寂寞中來。作為大師的沈曾植不曾例外。

沈曾植，字子培，號乙盦，晚號寐叟，浙江嘉興人。駕浮閣等樓閣廳堂便是沈曾植在嘉興的故居雅號。

走進駕浮閣，一眼便見沈曾植的半身銅像，戴著眼鏡，留著鬍鬚，著一件門襟衫，身後還留一根長辮，傳統的遺老形象。銅像後面，是很大的六塊匾，上面是沈曾植的章草書法作品。懸掛其上的「駕浮閣」三字和兩旁的抱柱聯，由其弟子王蘧常所書，是另一種章草，我求助了正在那裏的工作人員才識得抱柱聯上的內容：留海日靈光公原永在，繼

沈曾植

駕浮閣（夢之儀攝）

匐孔絕學徑接孤綜。再看沈曾植像，那不太看得出表情的眼裏，自有一股深邃。繼匐孔絕學豈是易事，徑接孤綜更是難上之難，所以才有海日樓靈光之永在。

海日樓是沈曾植在上海的寓所，「海日樓」典出唐代詩人王灣的詩：「海日生殘夜，江春入舊年。」殘夜未盡日已升，新年未到春先到，充滿了希望，如沈氏的學問。

駕浮閣和北面的晃采樓在建築上呈走馬堂樓的格局，那四面圍合的院子裏植有兩株桂花。「晃采樓」三字也王蘧常書。晃采樓之樓下廳內，是有關沈曾植的生平及作品等介紹，分為五大內容：生平行跡、學術大師、書法泰斗、詩壇鉅子、蜚聲中外，內容豐富，圖文並茂，其中包括根據王蘧常《沈寐叟年譜》編寫的「沈曾植年表」和「沈曾植主要著述目錄」。那些著述，是很讓人望而生畏的，地理方面有《蒙古源流箋證》等著述，律令方面有《漢律緝存》等作品，還有佛學方面的《佛國記校注》等、歷史方面的《女真考略》等，可謂著作等身，當然詩文、音韻、書法、筆記等，則更多了。其著述，普通人恐怕只能讀讀他的詩吧，但其詩也高古精深，一如他的學識。最為人接受的還是他的書法，他以草書著稱，取法廣泛，融漢隸、北碑、章草為一爐，自成一體，受到當時書法界的推崇。

展廳（夢之儀攝）

這次很幸運的是，有一位對故居非常熟悉的朋友，他為我推開了旁邊緊閉著的一扇門，我便隨他上樓得以一走。我們從晁采樓的西梯上去，首先來到大師的書房。靠近南窗沾滿了灰塵的書桌上，擺放著文房四寶，旁邊是一隻青瓷畫缸。書桌後面，是書櫥和書櫃，書櫃的小門上，還標著「四部」、「叢刊」等字。書桌上，塵埃裏，彷彿看到一個埋首案卷的身影。

沈曾植出生於京師南橫街的老屋，是沈家的次子。8歲喪父，童年生活很清苦。他的啟蒙老師請的是一些親戚熟人中在京待考者，因抽空來教一陣子，教學都不到一年。他後來在〈業師高先生傳〉中，深情地回憶給了他很大影響的高偉曾師。沈曾植家境貧困，曾忍痛以祖傳《靈飛經》初拓本送當鋪換錢買米，但就是在極其難苦的條件下，他開始了大量的閱讀，婚後，又開始治邊疆地理學、研究法律，十年寒窗之後，已是學富五車了。光緒六年（1880）的禮部會試，圓了他的進士夢，並深得副考官翁同龢的賞識，這年他31歲。

他第一次來嘉興故里，便是考中進士跨入仕途後，放假歸裡省親。可以想像，這時的沈曾植該是怎樣地揚眉吐氣、意氣風發，這一年裏，滬杭穗蘇等地都留下了他的足跡。

晁采樓樓上正中是休息室，東為臥室。走過兩旁的廂樓來到駕浮閣的樓上，五開間的房屋裏，如今空蕩蕩一片，顯得有些大。

當年主人曾經推開這裏的窗戶，寫下〈駕浮閣夜望〉：「大地平沈
相，高樓昧爽辰。憬然千劫世，已盡百年身。露上清花氣，風微整
角巾。還將瓢飲意，相與井亭民。」當然，寫這首詩，已是暮歲之
時主人歸隱之後了。

　　省親後回到北京，沈曾植先後在刑部、總理各國事務衙門等部
門供職。其間，康有為上書請變法維新，有沈曾植的參與。中日甲
午戰爭之後，沈曾植上書建議向英國借款修建鐵路，主張用發展經
濟、增加國力來保護國家。他還積極地遊說戶部尚書翁同龢，力主
開辦新式教育的學堂，開設國家銀行。沙俄企圖謀取在我黑龍江上
的漁業及航務利益，他據理力爭，令對方理屈詞窮，無計可施。作
為清廷的一個中堅分子，沈曾植是一個維新派，更是一位愛國者。

　　正在這時，他的母親病逝。沈曾植自幼失怙，母親含辛茹苦地撫
養四個兒子長大成人，他對母親是深懷感激的。現在他奉母靈柩南歸
安葬，又一次回到了故里，兩年後又返嘉興合葬父母於祖塋。嘉興王
店榨部村（現秀洲區王店鎮太平橋村）的祖塋上，幾度灑下了他的熱淚。

　　隨後，他受湖廣總督張之洞之邀赴武昌，主兩湖書院史席。
這時，維新變法開展得如火如荼，但很快，慈禧太后發動政變，戊
戌變法失敗，沈曾植雖因丁母憂而倖免於難，但戊戌變法的失敗，
給了沈曾植精神上一次重大的打擊，從此他被後黨劃入另冊，他也
因此轉向詩創作，在詩中尋找安慰寄託情感。他在武昌城南的「株
園」與詩人陳衍、鄭孝胥研談古今詩風，評議古詩。

　　政治風雲突變，但不改沈曾植愛國者的赤誠和革新派的熱情。
八國聯軍入侵中國，沈曾植奔走南京武昌，與張之洞等人商定聯合
行動，以保全大局。他在任上海南洋公學監督時，改革舊規。在任
安徽提學使時，赴日本考察新政學務，探索「冶新舊思想於一爐」
的途徑……在沈曾植的心中，改革舊規實行新政富強國力是他不遺
餘力要做的事。

安徽也實在是一個了不起的地方，雖然桐城古文派歷史悠久，但這一點不妨礙這個地方對於新思想的接納，尤其在新式教育上很得風氣之先。光緒二十八年（1902），吳汝倫等人赴日本考察學制，回來之後創辦了桐城學堂，即今天桐城中學的前身。五年之後，沈曾植一到安徽任上，就去日本考察了。他又招攬了許多著名學者，如方守彝、馬其昶、姚永樸等，使皖學達到最盛期。

但現實是很讓人失望的，任何的改革良策在清末這樣一個沒落時期已經不太起作用了。因為痛苦，便萌生退隱之意。宣統二年（1910），沈曾植61歲，清廷貴族貝子載振路經皖境，當局命出鉅款招待，他拒絕受命，得罪了上司，便上書乞退回故里。老屋再次迎來它的主人，於是便有了〈駕浮閣夜望〉、〈東軒遠望〉等詩的出爐。

老屋第三進的東軒，是一幢兩層樓的三開間建築，錢仲聯書寫的「東軒」兩字和老屋一樣地安靜著。東軒前面的院子裏，植有幾叢牡丹，也並不張揚。現在的東軒，已闢為嘉興橋李金石書畫社的活動室。在二樓，我看到一張很大的書畫桌，筆墨紙硯隨意地放著。樓上樓下的牆壁上，都掛著書畫社成員的作品。繼承前人的藝術並發揚光大，應是後人不懈追求的目標，尤其在這樣一個文墨濃郁的地方。

錢仲聯題額的東軒（夢之儀攝）

　　沈曾植被譽為「書壇泰斗」一點不為過。他早年精於帖學，得筆於包世臣，壯年時嗜張裕利，晚年書法由帖入碑，融南北朝書流為一體。他的字體勢飛揚，個性鮮明，奇趣橫生。如今在晁采樓的書房裏，那只厚重的書桌旁邊的陶瓷畫缸裏，依然陳放著一軸軸的書畫作品。學問和藝術成了沈曾植這位學術大師、書壇泰斗生活中不可或缺的一部分，並相得益彰地豐富了他不尋常的人生。

　　王國維對沈曾植至為推崇，他在〈沈乙盦先生七十壽序〉中寫道，清代三百年間，學術三變，清初為經世之學，創於顧亭林；乾嘉是稽古實學，創於戴東原、錢竹汀；道咸以降，學術又轉新，首推嘉興沈曾植先生。

　　學者錢仲聯先生又從學術說開去，比較了他同時代的幾個人：「寐叟生值清季，覓見歷代古物及新發現之文獻珍品，以其乾嘉治學之法治之，於遼、金、元史，西北、南洋地理，尤所究心，於甲骨文，敦煌秘笈，靡不究心，融為一冶。與羅振玉、王國維諸先生論學開一世之新風，而羅、王包羅之廣猶不能及寐叟，寐叟於學術外，尤擅書法繪畫，此皆羅、王所不旁及者也。論並世學人，或與太炎章先生並列，然太炎不信甲骨，治學趨向，一以清中葉為歸，結一代之局則有餘，若云創新，則遜寐叟一籌矣。」無論學問還是藝術，沈曾植都是頂尖級人物。

　　據傳沈曾植在臨終前數小時仍握筆揮書，寫成兩聯。一聯書於五尺白冷金箋上：「石室竹卷長三尺，山陰草跡編千文。」有王國維等人題跋。一聯行書寫在五尺宣紙上：「岑碣熊銘入甄選，金沙繡段肋裁紕。」題跋者有馬一浮等人。更有故事說，晚清著名的「四公子」之一的吳保初因病逝世，其長婿章士釗請章太炎、康有為為之撰墓表、墓誌，本來還想請康有為再為之書丹，康則謂：「寐叟健在，某豈敢為？」後由康有為撰寫墓誌，沈曾植書丹，珠聯璧合，傳為書壇佳話，可見沈氏書法的魅力之所在。

沈曾植章草四屏條

「還將瓢飲意，相與井亭民。」嘉興故里給了沈曾植一種世外桃源的寧靜生活，他也開始傾心於佛學，可是他內心真的輕鬆嗎？他真的做得到埋頭讀書，不聞朝政？據《沈寐叟年譜》載：沈曾植歸裡後，「日惟萬卷埋身，不踰戶閾。及聞國事，又未嘗不廢書歎息，欷歔不能自己。」看來，他的心，他的思想感情，終究和清王朝割捨不斷，哪怕他對其非常失望。他曾在一首詩中這樣寫道：「新歲見新月，北人思北風。」又說：「卻到故園為寄客，長懷舊德對荒墩。」是那種不知何處是故鄉的味道。他始終把自己和北方的清廷聯繫在一起，而他的生活位置，理應在北京、上海這樣的大城市。

所以，嘉興故里也不是他久待的地方，他是這一地的匆匆過客。這回他又走了，帶了他的十萬卷書來到上海。沈曾植從署江西到署安徽，擔任地方行政官七年，財物無多，惟載書十萬卷，人以為怪，但他自己很坦然。從此，他定居滬上，海日樓裏，已不見昔日維新志士的一腔熱情，能看到的，是一個隱於經史子集的學者和有著保守姿態的前清一遺老形象。這時，俄國人卡伊薩林為他作《中國大儒沈子培》，國學大師王國維來向他請教音韻，法國人伯

希和來討論契丹、蒙古等問題，還有海內外越來越多的求字者，海日樓多少還是有些生機的。

每到歲時回鄉祭掃時及其他一些時候，駕浮閣總還能迎來他的主人。辛亥革命那年，嘉興城守防軍索餉嘩變，沈曾植為此避居南鄉梅會里野貓洞六日，夜不成寐。也在那一年，沈曾植從嘉興賈家手中買得林則徐致祖父的書札七頁紙。有一年，他回故鄉寫下詠故園草木詩九首，還有一年，沈曾植登上南湖煙雨樓，作詩多首。另有一次，掃墓發生了奇巧的事，他們事先已定下了菜和船要去鄉下掃墓，卻不料前一天下起了大雨，而那天晨起他又腹瀉，想退了菜改日子，但一早菜已送來，隔夜終究不好，還是決定去。上了船，雨卻已止，也不腹瀉了。這天掃墓非常順利，回來還是順風呢。

1917年，張勳扶持溥儀復辟，沈曾植抱病北行，授學部尚書，不久事敗。曾看到過一句話：先生在明，當抗清而死；在清，當作遺老以終。封建倫理的道德觀，令一代大師逃不出命運的手掌。

讓人玩味的是還是沈氏自己的詩：「卻到故園為寄客，長懷舊德對荒墩。」長懷舊德，懷的是怎樣的舊德？無非是三綱五常，無非是忠孝仁義。沈曾植是個不折不扣的孝子，據謝鳳孫〈學部尚書沈公墓誌銘〉記載：「先生八歲喪父，哀毀如成人。稍長，事母韓太夫人以孝聞。……先生宦學既成，太夫人亦沒。先生以孝養不能逮親，遇家祭必泣。至年五十奉光祿公用韓太夫人柩回裡合葬，哀毀同於初喪。」以「孝」出名的他，心底裏一定還崇尚著「忠」，忠國忠君，尤其當無親可「孝」時，「忠」就更加凸出地呈現出來了。維新變法，有他的參與；八國聯軍入侵中國，他奔走各地以保全大局；在上海南洋公學時，改革舊規；任安徽提學使之初，便赴日本考察，致力於新式教育……一切都是為了挽救自己風雨飄搖中的國家，甚至他的治學，也是與治國聯繫在一起的，他在擔任總理衙門俄國股章京時，直接面對領土主權遭蠶食的危機，他傾注心血

研究西北歷史地理，表現了那一代讀書人對家國命運的深切關懷。當我們以今天的目光重新審視這段歷史時，除了歎息，不亦感覺很痛心嗎？沈曾植不是一個喪失良知的中國人，他只是陷在他的舊德裏，他的心嚮往光明，卻未曾看到殘夜裏海上的日光。他自己也一定痛心著，一聲「長懷舊德對荒墩」的長歎，顯示了他是多麼的孤獨啊，生前身後他都是孤獨的。

數年之後，沈曾植故世，歸葬於嘉興王店榨部村。故鄉的土地，最後地慷慨地接納了這位一生不知故鄉在何處的遊子。

可惜我幾次來此都不是時候，四合院內的桂花，都不曾飄來清香，那幾叢牡丹花，也不曾見過她的芳姿。

2005年2月草稿
2007年9月修改

最是人間留不住

——王國維故居

一

　　清光緒三年即1877年的冬日，在浙江海寧州鹽官鎮雙仁巷王氏舊宅，王國維降臨人間。他十歲那年，全家遷到鹽官西南隅周家兜現在的王國維故居。

　　海寧州，即今浙江省海寧市。海寧位居浙江北部，地處錢塘江口北岸，其州城當時在鹽官，修建於錢塘江邊。其地經濟繁榮、文化發達，清代鹽官陳氏有「一門三閣老，六部五尚書」之盛。王國維舊宅地「雙仁巷」，原有「雙仁祠」，為紀念曾任浙西節度使的唐代書法家顏真卿及其從兄顏杲卿兩兄弟的忠節而立祠名巷。所有這些，這樣的一種文化氛圍，無不給幼年的王國維留下深深的印象。

　　鹽官最揚名於世的，是被稱作「天下奇觀」的錢塘江大

王國維故居（張麗萍攝）

1954年，毛澤東在海寧鹽官七里廟海塘觀潮

潮，故居幾百米遠的南面，便是舉世聞名的錢江一線潮會合處。從南北兩岸捲起的白浪，呼嘯而來，神奇地匯合在一起，咆哮著西去，就像傳說中伍子胥駕馭的千軍萬馬齊頭狂奔，天地為之震撼。差不多十二小時後，夜潮一樣洶湧而至。年年月月，觀潮聽潮，潮來潮又往，多年之後，王國維以一首〈虞美人〉這樣追憶錢江夜潮：「海門空闊月皚皚，依舊素車白馬夜潮來。」用「素車白馬」來比擬錢江夜潮，足見王國維心中寄託了對伍子胥的追念，他表達的或許也是一種政治上的見識：國破家忘之際，就算自己身死了，靈魂也要守著家園，也要與山河同在。

二

王國維，初名國楨，字靜庵（安），又字伯隅，號禮堂、觀堂，又號人間。幼年失恃，養成了他憂鬱的性格。他自幼在父親和塾師的教育影響下，習讀四書五經，聰穎好學的他很得先生

的喜愛。其弟王國華在為乃兄所作〈海寧王靜安先生遺書序〉裏憶昔往事時提到：「時先兄才十一耳，詩文時藝，早洛洛成誦。」大約這個時候，王國維喜歡上了課外閱讀，他説，家中的藏書有五六篋，幾乎被他遍讀了。

王國維對書的喜歡，與他的父親王乃譽的長期薰陶是分不開的。王乃譽有著前賢安貧樂道的精神，他不論到哪裡，業餘時間攻讀詩文、研習書畫，每天的常課是臨帖數千字。據説他學董其昌，不僅形似，而且得其精髓。王乃譽興致來時，也潑墨作畫，還撰寫書畫論，又寫過很多詩和三十年的日記，遊宦回來居家之後，他還種竹養魚，吹簫吟曲，過著一種自娛自樂的隱士般的生活。王國維故居正廳名「娛廬」，大約是從這裏來的。王乃譽還相當重視子女的教育，對王國維及弟弟王國華要求甚嚴，這也許是教子心切吧，以至幾近苛刻。

王國維16歲，看見友人讀《漢書》而悦之，拿出壓歲錢，購得被稱作《前四史》的《史記》、《漢書》、《後漢書》、《三國志》，這被王國維稱之為「平生讀書之始」。

自小就開始的家庭薰陶和私塾教育，令少年王國維鋒芒初露，他被推為「海寧四才子」之首。18歲那年，他研習俞樾《群經平義》，並仿其體例，逐條批駁。俞樾何許人也？他便是清末獨步江南的經學大師俞曲園，杭州孤山的俞樓就是他的故居。名師出高徒，俞曲園教出了個章太炎，教出了個吳昌碩，而《群經平義》是他功成名就後撰成的著作。王國維偏偏不迷信權威，有異議的就批駁，眼裏唯有學問。

從10歲到22歲衝浪上海灘前，海寧鹽官的這幢屋子裏留下了王國維苦讀的身影，此後他到了上海、南通、蘇州、北京等地，故居仍不時地迎來他短暫的歸來。據研究者分析，王國維動筆寫《人間詞話》，很可能就在海寧的這幢故居裏。當時因父親去世，王國維

在家居喪半年之久，隨手取了弟弟王國華帶回的養正書塾筆記本，開始了《人間詞話》的寫作。

歲月匆匆過，一切該發生的都發生了，至於那些考證之事只能留待專家去做了，有很多卻是很明瞭的：王國維二十歲時，三代兩漢之古籍已全部熟爛於胸，二十二歲進上海《時務報》，此前的兩三年時間裏，王國維以他胸中澎湃著的錢江潮水般的熱情和他少年熾熱的情懷，付之於筆端，寫成了著名的〈詠史〉詩二十首。

三

但我們知道最多的，是王國維的《人間詞》和他的《人間詞話》。

「人間」兩字，對王國維來說不是一個普通的詞，因為，他就是「人間」。

王國維寫詞，不斷地出現「人間」，什麼「人間何苦又悲秋」，什麼「潮落潮生，幾換人間世」，別人就對他說，你的詞就叫「人間」好了，於是王國維先後有了《人間詞》甲乙稿，甚至，他索性以「人間」為號了。他的至交親家羅振玉還專門為他刻了一枚「人間」的印章，其後王國維為人題詩詞，就常用這枚印章，羅振玉的弟弟羅振常後來甚至直呼其「人間」。

自然，王國維留給世人影響最大、最著名的還要數他的《人間詞話》，最突出的便是其境界說：

古今成大事業、大學問者，必經過三種境界。「昨夜西風凋碧樹，獨上高樓，望盡天涯路。」此第一境也。「衣帶漸寬終不悔，為伊消得人憔悴」此第二境也。「眾裏尋他千百度，驀然回首，那人卻在燈火闌珊處。」此第三境也。此等語皆非大詞人不能道也。

「望盡天涯路」，好大一個志向，王國維雖處人間，卻是人間一天才一異才，天才的志向總是不同於常人。可是學術無涯，人間也無涯，望盡天涯路，即便對於天才也難，好難。

但我們普通人，不妨捨「望盡天涯路」，只從「高樓」來著此三境。王國維說，做事搞學問，志一定要立得大，為此大志，衣帶漸寬終不悔，這樣努力了，驀然回首之間，你所求的不就在眼前？如此說來《人間詞話》，豈非人間一絕？他給人間多少自信！

人間有歡樂，也有辛酸；人間有希望，也有悲苦。他的《人間詞》後來改成《苕華詞》，《詩經小雅》中〈苕之華〉：「苕之華，芸其黃矣。心之憂矣，維其傷矣！苕之華，其葉青青。知我如此，不如無生！⋯⋯」意思是：凌霄花啊，花兒黃又黃。心中憂愁啊，多麼悲傷！凌霄花啊，葉兒青又青。早知這樣苦，不如不降生。只因黃黃的凌霄花，讓人看到饑餓的顏色，生命如此悲苦，怎不讓人心憂？

此時夏季，正是凌霄花盛開的時候，凌霄花還是黃黃的。我是沒有看出什麼憂傷，但是當年的王國維一定是看到了，感受到了。當王國維生命的最後一天悄悄來臨時，當他坐著黃包車從清華園去頤和園的路上，當他走在頤和園的長廊上，他是否最後地看到了凌霄花呢？而童年和少年的老屋和新宅的後園，他的記憶裏，是否也

凌霄花（夢之儀攝）

有凌霄花的印象？黃黃的凌霄花的悲苦啊，就是人間的悲和苦，所以苕華依然是人間，悲情人間。

四

原本溫情的人間，充滿了悲情，王國維是矛盾的，就像錢江潮水一樣矛盾著。錢江潮，每當漲潮的時候，潮水逆行西上，退潮時，潮水又順流東下，歸於大海。日復一日，年復一年，錢江潮在矛盾中「日日西流，日日東趨海」，時光在潮落潮生中，「幾換人間世」。

矛盾的不止「人間」，還有他的學問。書齋裏的學問，原本是單純的，可王國維的年代，學問遭遇到了很多現實中的變故，他一生經歷的，正是社會風雲變幻、戰亂頻起內憂外患的一個個多事之秋：中日甲午戰爭、八國聯軍入侵中國、維新變法、辛亥革命、張勳復辟、軍閥混戰等等，他本人在晚年歷任北京大學「通訊導師」、清遜帝溥儀「南書房行走」、清華研究院導師等，他拖著一根長辮來來往往，心裏唯繫的是學問。

王國維主張，學術應獨立，研究應自由。潛心於學問間，這正是他學術獨立之精神的體現。學術的獨立，在於不受政治、經濟、生活等因素的影響，今人最不能寬容的是他的辮子和侍奉皇帝讀書，最後是自殺。

問題是，現在連溥儀的辮子都剪了，王國維還留著辮子。如果說辮子代表了是否革命，難道溥儀是想革自家清皇朝的命不成？這是一個很值得後人深思的話題。

王國維的的確確是矛盾的，矛盾的他仰天長歎：只剩下那一泓清澈，一泓清澈了。

「五十之年，只欠一死。經此世變，義無再侮。」這是他的遺言。

傳記上說，王國維考殷周禮制、校唐人寫本，都未能忘情社會人生，他想得最多的是被孔子讚歎的周禮，為後人崇尚的「貞觀之治」。實在是「人間紛濁」，沒落的清廷讓他失望，混亂的戰火使他驚恐，他要找一泓清澈，所以他赴昆明湖去了，那裏是清澈的，寧靜的，沒有紛擾的，與世無爭的。所以我寧願相信陳寅恪教授在清華園〈海寧王靜安先生紀念碑〉上的話：

清華園王國維紀念碑（夢之儀攝）

> 「先生以一死見其獨立自由之
> 意志，非所論於一人之恩怨，
> 一姓之興亡。」

奔赴昆明湖而去的靜安先生，你有沒有最後地想到你的家鄉呢？當年你帶著家眷北上離開周家兜故宅時，依依不捨地寫下「故園春心斷」的詞句，現在你要告別人間，你的心裏可還曾維繫著故園的春色？

五

故園的春色，是江南的春色，江南的春色最是美麗。

我們就是在一個美麗的春日的傍晚時分，來到了鹽官周家兜王國維故居。故居大門口場地上一尊王國維坐著的石雕全身像從青枝綠葉間躍入眼簾，很是醒目。同樣醒目的是白色的牆中間石庫門上方的幾個黑字，是朱穆之所書的「王國維故居」。

　　這是一幢木結構庭院式建築，除去大門連著的圍牆，共兩進，前為平屋三楹，後為樓房，也是三楹。

　　平屋正廳便是「娛廬」。「娛廬」兩字的匾很大，下面是一幅對聯：「發前人所未能發，言腐儒所不敢言」，這是郭沫若對王國維的高度評價，中間是蒼勁的老松圖。東西兩面的牆上，又有匾額，還有一些被王國維考證過的刻在金石上的甲骨文拓片。

　　我總是想，王國維和金石甲骨們之間似乎有著一些異乎尋常的緣分。那些埋在地下數千年的甲骨，似乎知道世上有人正等著他們，於是他們破土而出，不是在百年之前，也不是在千年之後，冥冥之中，一切皆是緣。甲骨一定為這樣一個時代的到來而歡呼，為遇到這樣的人而感恩。不但是甲骨，還有他們地下的夥伴，竹簡、古器皿等，也一樣心存感激的。

　　過了前廳，是一個不大的庭院。庭院正中，是一尊王國維的半身銅像，穿著對襟衣服，戴著眼鏡，那神態裏佈滿了憂患的悲情，

娛廬（張麗萍攝）

很像我看到過的一張王國維的照片。這兩尊雕像，同出自嘉興雕塑家陸樂之手，先雕半身像，後塑全身像，相隔二十一年兩度完成。我們走過庭院的時候，中央電視臺「走遍中國」欄目記者正對著王國維的半身像在拍攝，那時我在想，不知道他們會怎樣解讀王國維呢？

後面樓下的三間廳，是關於王國維的陳列展，分三個部分，第一部分，是王國維故鄉、家世及其生平，第二部分，介紹王國維的主要學術成就、陳列手稿，第三部分，為國內外專家、學者研究王國維的論著。

二樓是書房和臥室，我挺感興趣的是西間的書房，書桌靠著南窗，書櫥靜靜地守在一旁，畫缸裏字畫幾幅，另一旁一隻竹塌橫陳，滿是悠閒的，邊上還有一些桌椅。書桌上筆墨硯臺鎮紙石俱在，那掛著的幾枝毛筆裏，王國維慣用的「一枝青」是否也在呢。

站在二樓的窗口向南眺望，故居工作人員說，幾年前前面沒有建築物遮擋是可以望得見江水的。我想，每天面對錢塘江，心情真的會不一樣，滔滔江水孕育了兩岸多少英豪？

後院，也不大，有一口古井，更多的是花木草綠。不知夏日裏，凌霄花還在悄然開放嗎？

書房（張麗萍攝）

頤和園昆明湖，魚藻軒外
（夢之儀攝）

六

我第二次到北京是在2005年的春節，因是全家自助遊，我們走得隨心所欲。有很多時間，我們徜徉在北京的人文景觀，頤和園和清華園自然也留下了我們的足跡。

頤和園裏熙熙攘攘的人群，沒有一點冬天蕭條的景象，十七孔橋如長虹臥波般地舒展著，冰封的昆明湖上，是大人小孩飛馳的身影，魚藻軒裏，一撥又一撥的人進進出出。

先生和兒子已經向石舫走去了，我還站在魚藻軒，眼望昆明湖。軒外一兩丈遠的湖面上，淺得露著底下的泥，據說夏天的湖水也一樣極淺──王國維是在初夏的某天於此縱身一躍的。

此刻，堅冰下的湖水是否清澈呢？此刻，堅冰下的湖水是否也有慾望呢？王國維在《紅樓夢評論》中是這樣說的：所謂玉者，欲也。他取叔本華的觀點，慾望是痛苦，慾望滿足之後產生新的慾望又是痛苦。那麼，其解脫之道呢？在於出世，而不在於自殺，但出世是表面的，「故苟有生活之欲存，則雖出世而無與於解脫；苟無此欲，則自殺亦未始非解脫之一者也。」最終決定是否解脫還在於有沒有慾望。

但是人總是有慾望的，誰沒有慾望呢？除非你是佛，除非你沒有生命。對於普通人來說，無欲也便無生。

王國維幼年喪母，青年亡妻，中年失子，生和死，生生死死，正是王國維反反覆覆在思考的一個問題。江南一地多養蠶，他寫過一首〈蠶〉詩，蠶啊，你織繭抽絲，終生忙忙碌碌，而一生一死其實都是天命所為，「茫茫千萬載，輾轉周復始。嗟汝竟何為，草草閱生死。豈伊悅此生，抑由天所畀。畀者固不仁，悅者長已矣。勸君歌少息，人生亦如此。」

一如小小的蠶，人生也不過如此，實在很悲觀。命運不在自己的掌握中，不由自己掌握的命運還要因為自己的慾望而痛苦，人生不是很無味嗎？何況結局還不是團圓，所以王國維說《紅樓夢》是徹頭徹尾的悲劇。是人生一大悲劇吧，但是，君不見寶玉最後選擇了無欲，在我等入世之人看來，不也是很好的解脫嗎？王君不也是這麼說的，你有沒有看到呢？

生的生著，死的死了，自古以來都是如此。王國維最為推崇的詩人是：屈原、陶潛、杜甫、蘇軾。屈原以滿腔的憤慨投奔汨羅江而去，王國維則選擇了昆明湖。上天給了他天才的智慧，如今要收回他的天才收回他的人間了，所謂「悅者長已矣」，沒有什麼可留戀的了。

「幾回潮落又潮生」，如今又幾換了人間世，但是永不停息的是錢江潮水，千年萬年，滔滔不止。

2005年8月初稿
2006年8月修改

烏鎮：文風郁郁孕茅盾

——茅盾故居

一

　　生長在江南的水鄉，自小看慣了小橋流水的悠閒和寧靜，對於烏鎮，我一點不驚訝。從大約十年前第一次踏訪烏鎮起，我以為烏鎮原本就該是這樣的，藍的天白的雲，碧的水黑的瓦——茅盾生活過的古鎮，千年來一直如此。只是，當兩三年後第二次到烏鎮時，我終於知道，藍天白雲下碧水黑瓦間的烏鎮，和別的許多江南小鎮是有區別的，那一次，我看到了記載昭明太子讀書的那個石坊。我的心裏有一個很大的疑惑，昭明太子怎麼到了烏鎮？誰不知道《昭明文選》呢。

　　昭明太子居然到了烏鎮，所以除了疑惑，更大的是喜悅。那次回來之後，我就開始查書。那時候，沒有

昭明太子讀書處（夢之儀攝）

網路，也看不到宣傳資料，所以我的查閱很困難，但我終於還是從書中知道了原委：昭明太子曾跟隨老師沈約掃墓到烏鎮，為了不荒廢學業，就在烏鎮建起了昭明書館，既久，書館倒塌，後人便在書館舊址處建石坊以紀念。烏鎮從這個時候起給我留下深深的印象。

　　就算後來我又去烏鎮，但我所知道的烏鎮的歷史始終並不完整，直到不久前我系統地看了介紹烏鎮的書，重又去踏訪這個古鎮後，有一些人在記憶裏遂銘記了下來，如南宋詩人陳與義，與當地文人交好，曾留下「三友亭」傳為佳話；如明代洛陽人茅坤，當他來到烏鎮，也許是《昭明文選》給了他一束靈光，後來就有《唐宋八大家文抄》的面世；如清朝翰林出身的嚴辰，以為為學必先立志，於是有了立志書院，茅盾童年，就曾在那裏讀過書；又如擁有「知不足」藏書齋的鮑廷博、理學家張楊園、一代報人嚴獨鶴等。如果還有要說的話，真的還能排出一串名字來。我總是不懂，烏鎮，這碧的水黑的瓦，怎會如此的耀眼？千百年的文脈，綿綿不絕於烏鎮的天空。文才星河般燦爛，在今天，依然熠熠生輝。那一夜，我又一次枕著烏鎮的月色入夢，睡裏夢裏，我彷彿聽到了書聲琅琅，看到了書影拂動。

　　文才之大氣，日復一日地滋潤著烏鎮文化人的心田，烏鎮的整個歷史是與詩、文和書本聯在一起的。有這些真是好，何況又有這麼多前賢共同描繪了烏鎮的過去，難怪在現代，又走出了茅盾這樣的大文豪。

二

　　有時候，我會和朋友談起自己正在進行著的名人故居系列。那一次，為了臨時找一張堆放資料的桌子，一如兄帶我走進了一間咖啡室，那是我迄今唯一的一次單獨和異性坐在咖啡室。除了安靜，

空氣裏彌漫的只是清淡的咖啡香，一張長長寬寬的桌子，隔開了我們的距離，桌上雜亂地堆放著我們帶來的書和資料。我們要了一壺毛尖，因為一路之上我們正在説那個名叫「毛尖」的人，於是又在毛尖的茶香裡，説到茅盾：一如兄説：「你寫寫茅盾的媽媽，他媽媽是個很特別的人。」

是嗎？我也來了興趣。然後我就聽他説茅盾母親的故事，後來，我看茅盾的傳記和回憶錄時，還真的留心起了這些內容。一如兄説得一點沒錯，茅盾的成長，很大程度上受了他母親的影響，她是對茅盾一生影響最大的人。

茅盾的母親名陳愛珠，自幼受家庭影響，讀詩書識禮儀，在當時的烏鎮，是個非常了不起的女性。她不單知書達禮，而且聰明能幹，還相當有主見。她自幼誦讀四書五經，14歲起替父母治家，出嫁後不斷求教於丈夫，讀世界歷史地理，由此打開了眼界。茅盾10歲那年，父親病故，母親親自用正楷寫了挽聯：幼誦孔孟之言，長學聲光化電，憂國憂家，斯人斯疾，奈何長

1919年茅盾與弟弟沈澤民（坐者）在家鄉烏鎮

才未展，死不瞑目；良人即良師，十年互勉互勵，雹碎春紅，百身莫贖，從今誓守遺言，管教雙雛。

母親一生最大的收穫，就是培養了她的兩個兒子。當茅盾中學畢業時，他面臨著升學與就業的選擇。按照當時的習慣，家境清貧的人家，孩子在中學畢業後，就該去謀一份職業來養家，何況他又是早年喪父的長子。但是母親早在為他打算了，她存在錢莊裏的一千兩銀子的陪嫁，本息加起來有七千元，給兄弟倆平分下來，茅盾還可以讀三年書。於是母親力排眾議，讓茅盾繼續讀書。茅盾考取了北大預科，每個寒假，他並不回家，而是和《二十四史》為伴。母親的決定影響了茅盾的一生，從此他走出家鄉，走向一個他未知的世界，那個世界交織了光和影，充滿了矛盾和希望。

茅盾大學畢業，母親又在為他操心，她悄悄託信給替茅盾介紹工作的表叔，不要在政界或銀行界找工作，結果茅盾進了上海商務印書館。母親一定想不到，也許正是這樣的安排，一不小心造就了一個日後的文學家。

母親不單如此地有主見，她還異常的堅強。當茅盾的弟弟沈澤民在蘇區犧牲後，有一天她問茅盾：你弟弟怎樣了？茅盾還想撒謊，母親取出一張小報交給茅盾，那上面有沈澤民犧牲的消息。母親說，他總算做了一點對大家有好處的事情了，不過死得太早了點，他本來還可以多做出一點事情來。母親是如此地平靜，面對著她小兒子的死，母親真的沒有眼淚嗎？

三

茅盾故居在烏鎮觀前街17號，市河車溪之東。以市河為界，古有烏鎮、青鎮之分，烏鎮在西，青鎮在東，後統稱烏鎮。「烏鎮」顯然不比「青鎮」好聽，色彩上也黯淡了一些，但於這個古鎮

而言，「烏鎮」這個名字也許更妥貼，更相融到那份色彩中。烏鎮地當水陸要衝，江浙兩省三府七縣交界，自古繁華。商業的繁榮帶動民間文化的興盛，烏鎮在每年的農曆三月，為祈求蠶桑豐收，會舉行一種民間風俗活動，稱為「香市」。茅盾故居之西，僅隔一條馬路，有一個廣場，廣場之南有古戲臺，北有修真觀。我猜想，像「香市」這樣熱鬧的活動，一定是在這個廣場上盛大開張的。童年的茅盾，得地理位置之便，盡享這樣的狂歡。

　　觀前街則有些鬧中取靜了，幽長的街道，有些望不到盡頭的感覺。江南古鎮的小街通常都是這樣的，似乎走啊走，竟直走入夢裏似的，悠遠，綿長，走不出一個江南水鄉的夢。與長長的街道相應和的，觀前街也不寬，兩旁儘是木結構的樓房，錯落有致的屋簷織成了一條此起彼伏的線條，自有韻味在其中，我最喜歡古鎮的這種情懷，也很懷疑，烏鎮能夠留住陳與義、茅坤這些外鄉人的腳步的，首先是這種屋簷織成的線條在他們心裏掀起了波瀾，然後當他們知道這裏還有過昭明太子，心思就開始氾濫了。

　　每個到烏鎮來的人，必定沿著觀前街走過。當人們在街上放慢腳步行走的時候，偶一抬頭，是否看見過一雙明亮的眼睛？是否想過住在樓上的人家，當清晨「吱呀」一聲推開木格子窗戶迎接陽光的時候，心裏是怎樣的歡快呢？春日午醒時分，拂著剛剛從河岸邊

觀前街上的茅盾故居（夢之儀攝）

摘來的楊柳，和街對面的那戶人家輕鬆聊天吧，如果有中意的，不必用水鄉古鎮特有的美人靠作廣告，打開窗戶就能傳情了，這真是古弄舊宅裏的浪漫情致。

外地來的遊人通常從東大街進入，一直向西走到觀前街，走到春日的夢快要醒的時候，一個恍惚，踏進了茅盾故居。

四

茅盾故居前後有兩進，後面另有三間平房。沈氏本是近鄉的農民，後遷至鎮上做小買賣，到了清光緒年間，茅盾的曾祖父在漢口經商獲利，匯款回鄉，由茅盾的祖父經手，分兩次從兩家房主手裏買進。東面的兩間兩進先買，稱老屋，西面的後買，稱新屋。老屋新屋結構相同，中間僅隔一堵牆，兩者樓上樓下有門相通，渾然一體，構成走馬堂樓的格局。

在故居二樓的東面第二間，在1896年7月4日的喜慶氣氛裏，茅盾誕生了。茅盾五歲時，就在這間父母的臥室裏，由母親教他識字。這是一個典型的大家庭，全家有二十多人，都聚居在這裏。茅盾父母臥室之東為祖父母臥室，西為二叔祖和四叔祖的臥室，第二進的樓上則住著姑母和曾祖父母。走進走出，滿眼所見儘是些古老的雕花木床，陳木散發著久遠的氣息，那是一個今天的我們所陌生的環境。

樓下第一進東間為過道，是全家出入的大門，大門之上，是陳雲題寫的「茅盾故居」。東面第二間為家塾，最西兩間為統間，是全家的餐廳。隔了一個小小的天井，第二進東間為客廳，茅盾童年時，他的祖母曾在此間飼養春蠶。養蠶是茅盾童年又一感興趣的事，他在那裏獲得了許多感性認識，為創作小說《春蠶》積累了最早的素材。祖母喜歡養蠶，母親也毫無例外地喜歡著，以致後來她

在上海，每年還養百來條蠶當作消遣，這個傳統到了茅盾子女手裏也還延續著呢。

這兩進樓房的後面，有三間平房，茅盾曾祖父在這裏安度晚年。1934年，茅盾在拿到《子夜》的稿費後，親手設計，將原先的三間平房翻修成比較新穎的書齋，每一間又隔成前後兩間，西間的後一間，北窗下是茅盾的寫字臺，茅盾曾在這裏創作了中篇小說《多角關係》。西牆邊的長桌，是茅盾練書法的地方，分隔前後間的是架到頂的大書櫃。那年秋後，書齋竣工，茅盾來驗收，還在園中親手種植了一株棕櫚和一叢天竺。歷經七十年的風霜，天竺至今郁郁蔥蔥，每有遊人至，葉兒飄忽，似欲與人語。

故居之東為立志書院，茅盾在此讀了幾年小學，如今門口掛上了「茅盾紀念館」的匾額。過天井有一廳，上懸「有志竟成」匾，匾額下有茅盾半身銅像。

從後門出去，抬眼便見箭雲樓，這是立志書院的主建築，內有一尊漢白玉茅盾青年時代的

茅盾親手種下的天竹（夢之儀攝）

立志書院（夢之儀攝）

雕像。這一重簷式樓閣原是茅盾就讀的教室,現作「茅盾走過的道路」專題陳列室,成為茅盾故居的一個重要組成部分。

　　從昭明太子讀書開始的烏鎮文化史,沿續到茅盾在立志書院的發奮攻讀,千百年來,書是烏鎮的靈魂所在,那是文化人的精神寄託啊。

　　烏鎮是茅盾取之不盡的寶庫,《子夜》第四章「雙橋鎮」就是取材於自己的故鄉,《林家鋪子》的原型據說是鄰家的一個小商人,更不用說〈故鄉雜憶〉等等這樣的文章了。是故鄉的水滋潤了茅盾的心田,是烏鎮的石橋青石板路造就了茅盾這樣的文學家,茅盾也給今天的烏鎮帶來了莫大的榮譽,茅盾文學獎的頒獎大會從第五屆開始設在烏鎮,那是烏鎮的一個盛會,一次文學的狂歡,作為古鎮人,誰不自豪?

五

　　當年,在商務印書館工作的茅盾,回鄉迎娶從小結親的孔德沚進門。其時他們已搬出觀前街的老屋,租住在北巷四叔祖的餘屋。新娘不單不識字,還只有一個乳名,新娘的名字還是茅盾給取的。

　　沈家和孔家是世交,孔家幾代在鎮上開香燭店,到了孔德沚的祖父孔繁林時,孔家在財神灣修了一座精緻的孔家花園,主人取名庸園。庸園還誕生了中國現代文學家孔另境,也就是孔德沚的弟弟,孔另境和茅盾一樣也是一名中共早期的黨員。

　　新娘才被娶進門,新郎卻要回上海了,其時距新婚還不到一個月呢。茅盾回滬後,母親開始教孔德沚讀書識字。其實自定親後,茅盾的父親就讓媒人告知孔家,不要纏足,要教女孩識字,雖然纏足因女孩的哭哭啼啼而放棄,識字什麼的,女家卻並沒重視。但是孔德沚是個好強的人,過門之後,她便跟著婆婆讀書識字描紅寫文

章，繼而進學校上起了正式的小學。此後的日子裏，孔德沚憑著自己的聰明、堅強、能幹，牢牢地把握住了自己的命運，給了茅盾最有力的支持和悉心的照顧。在立志書院的照片裏，我們可以看到孔德沚堅強的身影。

但是在立志書院幾百幀茅盾生平照片中，卻沒有發現一張秦德君的照片。我第一次知道秦德君這個人，是在我們嘉興人范笑我的《笑我販書》一書中，同時看到的還有一張當年茅盾和秦德君分手時的合影。既然要分手了，卻還要合影，有悖於常情，後來才知道分手合影也是有原因的。

大革命失敗後，作為政治家的茅盾，其行動不再自由，於是，他蟄居在上海景雲里自己的家中，足不出戶，用10個月的時間，完成了《幻滅》、《動搖》和《追求》三部曲，開始了他的創作生涯。發表《幻滅》時，他第一次用了「茅盾」的筆名。

為了改善環境，也為了呼吸新鮮的空氣，1928年7月，茅盾離滬赴日，開始了他近兩年的流亡生活。與他結伴而行的，就是秦德君。秦德君出生於四川，是一個「五四」運動中成長起來的新女性，又有著傳奇般的坎坷經歷。這一年，秦德君23歲，小茅盾9歲。

赴日的航船啟航了，亡命天涯的孤獨的人兒，他們的愛情也揚帆了。經過幾天的海上航行，當抵達日本時，同時出於掩護的需要，他們以「夫妻」的身份出現了。

生活想必很單調，剛剛完成的長篇論文《從牯嶺到東京》受到了國內一些作家的指責，還要逃避便衣的查詢，苦悶是必然的，好在出門有櫻花相迎，好在還有一個奇女子相依相伴。等到櫻花爛漫的時候，他們約上朋友一起去看櫻花，歡聲陣陣裡，他們一定是陶醉了。人生能有幾回迷人的醉呢？何況在不得志的時候，在異國他鄉，還有一份沉醉人的空氣，也是夠奢侈的喲。

茅盾和秦德君分手時的合影

烏鎮民居（浦愉忠攝）

在東京的那些日子裏，茅盾大部分的時間用來寫作。他旅居日本時寫的長篇小說《虹》，由秦德君提供素材，她還幫忙謄抄稿子，並在四川方言方面作了一些處理。這部小說，同樣傾注了秦德君的一腔心血。1930年當櫻花再次爛漫的時候，他們回到了國內。迫於壓力，他們定下了四年之約暫時分手，並合影留念，只是四年之約沒有結果。

茅盾的一生，塑造了許多的女性形象，秦德君必定給了他不少女性的思考。

六

幾度尋覓於烏鎮的街頭，我發現，烏鎮一直都在變化著。我們先前來時，烏鎮有門票的地方只有茅盾故居，但我們每次都有新的發現，如六朝遺勝，如唐代銀杏，如通濟、仁濟兩橋，如立志書院等等。這次去，卻又大不一樣，我12歲的兒子信爾非常感興趣的是織布作坊、染布作坊、三白酒作坊、匯源當鋪

等，這些都是我們以前來時沒看到過的。他終於知道了棉花是怎樣紡成線織成布的，知道了印染布的花為什麼是白的，知道「當」和「賣」是有區別的。一邊走，我還一邊給信爾講茅盾童年的故事和他的小說《當鋪前》、《林家鋪子》、《春蠶》等，他也聽得津津有味。雖然現在的「林家鋪子」只是一家普通的工藝日雜商店，匯源當鋪也是有鋪無市，但這些一點沒影響我們的興致，烏鎮有太多的故事。應家橋堍的訪盧閣，除了茶聖陸羽曾經來訪過，茅盾祖父當年經常也在此喝茶。古老的小鎮，在我們進進出出間，尋尋覓覓裏，自有一份溫情在默默地蕩漾開來，就算冬日裏，也身心俱暖。

我只是不知道，幾年之後，等信爾長大了，他是否還記得這些？因為他已經記不起曾經到過的這個被打出「中國·烏鎮」的鎮子，好在這些天，他一直念念不忘地說著茅盾的名字，就像在過去說王國維、徐志摩一樣，而且他也知道茅盾和沈雁冰其實是同一個人。

2005 年 12 月

一個想飛的詩人

——徐志摩故居

西山

　　那年的耶誕節，我和朋友夢裏水鄉結伴上海寧的西山，因為那裏有志摩的墓。

　　那一天，北風在吹，天色陰暗。走在西山的路上，唯見滿眼的樹林，枝枝丫丫層層疊疊在一起。我也曾在春天來過西山，西山的春天因為滿山的翠綠和花香而美得動人，清香而濕潤的空氣撫慰著我一顆原本柔軟的心，西山的印象就這樣像水彩畫一樣帶點透明的色彩刻了下來，在記憶裏。冬天的西山，我分明走在記憶裏，走在記憶的色彩裏。

海寧西山志摩墓（張麗萍攝）

另一年清明節，香港一女士從香港輾轉杭州到海寧祭掃徐志摩墓。她向志摩墓獻上康乃馨和玫瑰，然後擰開一瓶紅酒，一半灑在地上，一半喝掉，並且她將自己寫的一首小詩燒在墓前。這樣的消息在我印象中已見過幾次了，我想許多年以後可能還會看到。而在此前的情人節那天，我看到攝影愛好者貼在網上的徐志摩墓前鮮花的照片。此情此景，總能讓人動容。

　　來西山看志摩的人，也許是男人也許是女人，也許他還年輕也許她已年老，但喜歡志摩的心是一樣，縱然身體衰老，他們的心不老。

陌野

　　登海寧東山的智標塔，由近而遠，東、西兩山歷歷在目。相傳秦以前兩山是連在一起的，稱為硤山，秦始皇南巡時，遠望硤山有「王者之氣」，遂令十萬囚徒將硤山攔腰斬開，才有東山、西山。聽說東山上有浮石，在水裏幾年不沉，而西山出產的蘆葦，放在水裏會沉下去，只是現在沒有了。海寧的神奇從這裏可見一斑。

　　東西兩山都並不高大，但就算並不高大的山，也一樣讓人迷戀；海寧的潮水卻是天下聞名，海寧潮一浪高過一浪，沖洗不盡的是代代相傳的詩歌文墨。海寧的神奇更在此。

　　生來有幸，我就生活在離海寧不遠的一個小鎮上，從大處著眼，我們根本就是一地，同在嘉興，一起深受幾千年馬家浜文化的滋潤。所以，我願意一次次地去海寧，也一次次地遍尋詩人徐志摩當年走過的地方。

　　志摩的傳記不知道有多少，我也說不清看過多少，我喜歡看的是他從骨子裏滲透出來的浪漫之氣。他4歲入家塾，他說在家塾中讀書，最愛夏天的打陣，雷陣雨一來，原來又炎熱又乏味的下午忽然變得異常熱鬧，甚至他覺得連私塾先生也喜歡這樣的。13歲那

年他發現眼睛近視了，當他戴上眼鏡的時候，「仰頭一望，異哉！好一個偉大藍淨不相熟的天，張著幾千百隻銀光閃爍的神眼，一直穿過我眼鏡直貫我靈府深處……」他常常在夜幕降臨時，抬頭仰望星空，看繁星閃爍，更在中秋的日子，等待著「月華」。在星光下聽水聲，傍晚時騎車追趕落日，黃昏裏康河邊漫步，那是在康橋，成全了詩人的志摩。但這裏是硤石，一樣造就了志摩詩人的情懷，他做了很多普通人不會做的事。他回硤石時，常常會住在山上，東山腳下的「三不朽祠」的橫經閣、東山絕頂智標塔的飛嵐閣、西山上的白公祠等等，都曾是他的「窩」。白公祠中有茂盛的紅梅、玉蘭、翠竹，風景如畫，飛嵐閣聳立山頂，硤石美景盡收眼底，「三不朽祠」正對著山景，常青的樹，石牌坊戲臺，怪形的石錯落在樹木間。一切大自然的，在他眼裏儘是一首首的詩，所以志摩才說，「我生平最純粹可貴的教育是得之於自然界，田野，森林，山谷，湖，草地，是我的課堂。」

有一年冬天，早上起來發現東山上下雪了，他想沽酒助興，但雪很快地化了。東山的雪，也好多次激發了他的同情心，有一次，也是雪天，一個婦人坐在階沿上很悲傷地哭，她說她三歲的兒子在東山腳下躺著，她想買幾張油紙來替他蓋上，其實她已經喚不醒她的兒子了。志摩滿懷同情之心，寫下了〈蓋上幾張油紙〉一詩。雪是潔白，但是潔白的雪，掩蓋了人間多少的不平啊，浪漫的詩人，心中也多了份不平。

東山寺戲臺腳下住著一群乞丐，看見他們挨餓受凍，志摩送冬衣給他們，也帶著酒和他們席地而喝。雖出身富家，但和乞丐成為朋友，是今天的人也很難做到的。他把一腔的同情心付於筆端，寫下了〈叫化活該〉。他還用硤石土白做詩，在〈一條金色的光痕〉中，寫出了窮人的悲哀。有一次，他在柴家橋，遇見一位挑糞的農民，兩人並肩而坐，促膝而談。以他的慈悲之心，他真的成了人人的朋友。

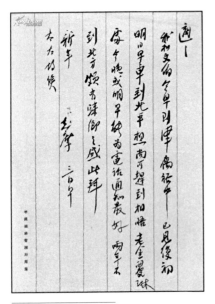

徐志摩致胡適信札手跡

故居

　　在浙江海寧硤石鎮河西南路，原有一幢老屋，共四進，1897年1月15日，志摩出生在第四進的北廂樓上。詩人在這裏度過了他的童年、少年，第一進的北廂房是志摩接受啟蒙教育的地方。徐氏一族，以經商興家，到志摩父親時，他家在鎮上有醬園、錢莊、布莊等，並創辦了蠶絲廠、布廠、硤石電燈廠。

　　等到去年冬天我和朋友去尋訪時，老屋已經不在了，我們只看到干河街菜市弄32號的新居。1926年，志摩偕新婚的小曼返回故里，住進剛落成的新居，開始他的紅袖添香、月下伴美的幸福生活，「從此我想隱居起來，硤石至少有蟹和紅葉，足以助詩興，更不慕人間矣！」他和小曼一起上東山，盡享家鄉美景，他們也開始了合作五幕話劇《卞昆崗》的創作，在第五幕中老瞎子彈三弦時所唱的歌詞，用的是他寫過的詩〈偶然〉。

徐志摩故居側影（張麗萍攝）

書房（張麗萍攝）

　　新居是一幢紅磚與灰磚相間的西式樓房，共兩層，正廳鋪設的彩繪地磚是德國進口，東西次間上下均有西式壁爐，中庭上有玻璃天窗，室內有電燈、浴室、冷熱水管等。

　　來到故居前門，一眼看見「詩人徐志摩故居」幾個清秀的字，是徐志摩表弟金庸所題。客廳名「安雅堂」，此三字由書法家啟功題寫，中堂是畫家岳石塵百歲時畫的松石圖，兩旁有對聯。下面是有紅木長台，長臺上除座鐘、瓷瓶（意為終生平安）外，中間還放著香爐、蠟釺。客廳的傢俱有紅木八仙桌、紅木太師椅、紅木高腳茶凳等，但吊燈是西式的。

　　樓下的東西次間現在分別是徐志摩家世生平陳列和思想文學活動陳列，有許多志摩的手稿，詩、信等等。我們喜愛的詩人走了，睹物思人，讓人徒感悲傷。

　　樓上東側為志摩與小曼的臥室與書房，中間也有一廳，西側北廂房為其父母臥室。志摩前妻幼儀在離婚後，被徐志摩的父母認作義女，仍住在徐家，臥室就在西側南廂房。

　　志摩房內全部為西式傢俱，傢俱漆成粉紅色，床是銅床，牆上有梁啟超題詞。現在的書房，一面掛著當年引起轟動的百歲徵婚老人章克標題寫的「眉軒」匾額，一面掛著胡亞光畫像、張大千補衣

褶並題字的志摩遺像。「眉軒」兩字我不甚看得懂，志摩的遺像看來頗有些詩人的餘韻。

二樓中庭之北還有一匾額，是當年志摩托劉海粟請康有為書寫的，名「清遠樓」。樓後有露臺，登臺可眺望東西兩山。當年志摩喜歡站在這裏，詩〈望月〉便是這樣的時候產生的。可惜詩人這樣望月的心情和心境，後來很難再有。

對於愛情，志摩是這樣爭取的：「我將於茫茫人海中尋訪我唯一靈魂之伴侶；得之，我幸；不得，我命，如此而已。」他是得到了他的所愛，但是他幸福嗎？我看到過一幅他、小曼及小曼的兩個堂侄漫步在鄉間的照片，他們手拉著手，醉心於美好的清風山水間，每個人的臉上洋溢著幸福和安詳，如果他們一直這樣走下去，走在這片安寧的土地上，該有多好！

由於北伐戰爭的原因，一兩個月後，他們被迫離開硤石遷居上海，自此，他們的生活很難再和諧。對生活，他一定是疲倦了，「我不知道風／是在哪一個方向吹……／我是在夢裏／黯淡是夢裏的光輝。」志摩的心底，彌漫著無限的落寞無限的惆悵。

多年後志摩的母親去世，他回到故土。終因父親再一次不能容忍小曼，以至父子反目，志摩的雙腳也許沒有再回到過故鄉的土地，直到他的離世：1931年11月19日，35歲的志摩因飛機失事身亡，被葬在東山萬石窩。

想飛，一直是志摩的夢想，甚至出事前一個晚上，他還在對他的朋友說：「I always want to fly.（我渴望飛翔）」

飛翔，這是一個詩人的夢想，這是一個浪漫詩人對夢想的渴望。詩人總是說，飛出這圈子！飛出這圈子！到雲端裏去！到雲端裏去！

他果真飛出了這圈子，果真到了雲端，他向我們告別：「悄悄地我走了／正如我悄悄地來／我揮一揮衣袖／不帶走一片雲彩。」

曾經在東山萬石窩的志摩墓，胡適題

　　志摩是走了，那天濃雲密佈大地失色，志摩帶走了整片天空的雲彩。他常說，飛揚飛揚飛揚，這正是志摩想要飛去的理想境地。他有一個筆名為「雲中鶴」，我想他的靈魂是駕鶴仙去了。這麼說來，志摩是幸運的，他得其所願地飛去，留下雖短暫卻長久的輝煌，他就這樣與他的詩一起彙入了永恆。

身後

　　東山萬石窩，我也曾去看過，亂石兼荒草，已無路可走。當年萬石窩志摩的墓體上有胡適題寫的字，現在只能從照片上看到這一幕了。因請凌叔華書碑不就，14年後由書法家張宗祥題寫了墓碑：詩人徐志摩之墓。文革中墓被毀，後移至西山白水泉旁，遷葬時放入墓中的是陳從周先生撰寫的《徐志摩年譜》和金星石墓誌銘文。墓的兩旁有兩頁石雕，上面分別鐫刻著徐志摩的〈再別康橋〉和〈偶然〉。墓的一側，還有其幼子德生的墓碑，字為梁啟超題寫。墓地非常地安靜，伴你的是萬年不變的蒼翠青山和漫山遍野的綠樹，志摩，你一定是喜歡的！

為紀念志摩逝世，當時的《新月》和《詩刊》都出版了《志摩紀念號》專刊，發表了陸小曼、胡適、周作人、方令孺、郁達夫、梁實秋、方瑋德、陳夢家等人的紀念文章，人人都為痛失他這樣一個朋友而悲傷。

徐志摩遇難三周年，剛好林徽因浙南考察回來，火車途經硤石站停靠，想到故人，她不禁淚水漣漣。志摩遇難之時，她和丈夫梁思成用碧綠鐵樹葉親手編製了花圈，梁思成還從志摩遇難的飛機殘骸上拾來的一塊木板，林徽因常年掛在她的居室，直到她生命的最後一天。志摩的兩本英文日記，她也一直保存著，其最後的下落卻是一個謎。一段情，一個謎，讓今天的人們至今未能釋懷。

志摩死後，小曼素服終身。她在自己的臥室懸掛著志摩的大幅遺像，每隔幾天，總要買一束鮮花獻上。1933年清明，小曼回硤石為志摩掃墓，寫了一首感傷的詩：「腸斷人琴感未消，此心久已寄雲嶠；年來更識荒寒味，寫到湖山總寂寥。」她的生活被徹底改變了，她雖沉溺鴉片無法振作，但是努力習畫，終生不輟。她請賀天健和陳半丁教畫，隨汪星伯做詩。小曼的畫作，我只看過幾幅山水畫，筆墨豐潤，氣韻淡遠，也自成一格。志摩飛天時，帶了她的一幅長卷，上面有鄧以蟄、胡適、楊銓、賀天健、梁鼎銘、陳蝶野等人的手筆題字。人亡畫卻在，小曼63歲臨終前，將此畫卷和她所編的《志摩全集》的一份樣本、一箱紙版及梁啟超為志摩寫的一幅長聯交給陳從周，陳從周將《志摩全集》寫了跋交北京圖書館，紙版由文學研究所保存，梁聯和畫卷交浙江博物館。多少前塵、萬千別恨，唯留下一段愴然。

張幼儀在離婚後成為一個新女性，她獨立生活，事業有成，還為志摩的父親養老送終，盡了志摩未盡的責任。她心如止水，盡心撫養兒子，在她56歲時，兒子徐積鍇在美國成家立業，她這才與鄰居醫生再婚。

三個愛志摩的女人，她們各自用自己的方式來懷念志摩。

硤石的土地上，詩人白居易曾經來過。那天，我和夢裏水鄉走在西山，天氣異常地寒冷，北風在吹，我們聆聽兩位相隔久遠的詩人在風中的細語。他們願意留在西山的時候，必定是不寂寞的，因為他們有醉人的詩篇，他們更有夢想的翅膀。

2005年5月初稿
2005年11月修改

小曼國畫扇面

少年時的浪漫詩人徐志摩

紅了櫻桃，綠了芭蕉

——豐子愷故居

一

重讀《緣緣堂隨筆集》，距初讀那時，年輪已了無聲息地轉去了十多個年頭。歲月的流逝，一如緣緣堂外的那些櫻桃和芭蕉，果青了又紅，葉落了又長。歲月在無數次的貌似重疊中悄然而逝，我也早就不是那個初讀豐子愷隨筆的青澀女孩了。

讀書的過程是非常愉快的，尤其是今日重讀豐子愷隨筆。當我兩次訪過桐鄉石門的緣緣堂，看過豐子愷傳記和他的許多漫畫作品後，這個過程就愈加顯得趣味盎然。我很欣喜，因高人一指點而投入到了嘉禾一地文化名人故居的訪問中，如果不是這個原因，我可能依然不會這樣徹頭徹

豐子愷漫畫：紅了櫻桃，綠了芭蕉

尾地閱讀：把詩文隨筆和書畫作品連同傳記年譜一起看。於是在閱讀的過程中，人物的形象日漸豐滿了，有時我悄悄地和他們對話，有時我默默諦聽他們的心聲，有時我任思緒漫天飛舞……

我就是這樣，隨著豐子愷的作品一路過來，讀讀文章，看看圖畫，想想他一往情深的緣緣堂。

二

在生命的流轉中，童年的記憶總是特別的，流水飛度，而記憶恰似岸岩上血紅的刻字，潮漲潮落中時隱時現。

大運河的水，千百年來滋潤了一代又一代人的童年。大運河深知，那在石門的一個一百二十度大彎，是要製造一些起伏的，古樹老屋只是一些必要的陪襯罷了。

老屋名惇德堂，就在大運河的拐彎處，是豐子愷祖父開設的豐同裕染坊店的一部分。老屋陪伴了豐子愷度過了他的幸福童年，豐子愷多次地描寫過這樣的快樂生活：祖母在家裏大規模地養蠶，三開間的廳上、地上的落地鋪裏統是蠶，架起經緯的跳板來通行和飼葉，他就以跳跳板為樂，常失足跌到落地鋪裏；天井角落的缸裏，經常養著蟹，待到中秋的時候，移桌子到外面的場地上，抬頭看月

今天的石門灣（夢之儀攝）

低頭吃蟹；隔壁豆腐店的王囡囡捉了許多米蟲，有時撲殺花蠅，教他用米蟲或花蠅釣魚。這樣的故事真是太多太多，大運河的濤聲裏，無數次洗刷過的記憶越來越純。

童年如花轉影般地消逝了，大運河迎來了又一代人的童年：阿寶、瞻瞻、軟軟……陪伴他們的是紅了的櫻桃，綠了的芭蕉，晶亮的葡萄，悠悠的秋千架。一樣的天空，一樣幸福的童年。

這時候，老屋之旁，已多了緣緣堂。緣緣堂就建在豐家的這塊祖基上，大運河邊。

豐子愷曾經説：「倘秦始皇要拿阿房宮來同我交替，石季倫願把金谷園來和我對調，我決不同意」。那麼石門的緣緣堂究竟是怎樣一處「華屋」呢？

緣緣堂建成於1933年，坐北朝南，整個建築形式樸素，高大軒敞。緣緣堂正面向有三廳，中央廳鋪大方磚，正中掛著馬一浮書寫的匾額「緣緣堂」三個大字，中堂是一幅吳昌碩的紅梅圖，兩旁是兩副對聯，分別是弘一法師書寫的華嚴經集聯「欲為諸法本，心如工畫師」和豐子愷自己書寫的杜甫詩「暫止飛鳥將數子，頻來語燕定新巢」。東西兩壁則掛著弘一法師書定的《大智度論·十喻贊》。這是當年緣緣堂的陳設，現今內容一切如舊，只是換了書畫家的名，聽工作人員小姚説，中堂的紅梅圖已是第三幅了，現在兩

1937年豐子愷在石門豐同裕染坊前（豐為前排戴墨鏡者）

壁掛的《大智度論・十喻贊》，是十多年前由當時僅二十餘歲的一心法師所書。

西廳是豐子愷的書齋，四壁陳列圖書數千卷，常掛弘一法師寫的長聯。東廳為餐廳、起居室，內連走廊、廚房和平屋。三廳前後都被隔成前後間。樓上有多間臥室。

緣緣堂前的天井裏，中間是一隻花壇，當年豐子愷在那裏手植了櫻桃樹，西邊角落有幾株芭蕉，「紅了櫻桃，綠了芭蕉」，這在緣緣堂成了鮮美的對比。西南兩面高高的圍牆上，爬滿了爬山虎。東面門楣「欣及舊棲」橫額下的兩扇木門，緣緣堂重建時用的是從戰爭炮火中搶救出來的焦門。焦門見證了緣緣堂悲憤的歷史。

緣緣堂與北面的平屋之間又有一天井，葡萄架下是秋千架。夏天，茂盛的葡萄架下，傳來孩子們的歡聲笑語。秋天，芭蕉的葉子高出圍牆，是粉牆上一幅綠色的畫。豐子愷在緣緣堂的那五年，專心譯作，累了的時候，葡萄飄下葉片兒問候他，渴了的時候，門外水蜜桃西瓜的叫賣聲已在近前。緣緣堂的那些日子，真讓豐子愷陶然而忘倦，如此的天時地利，為他帶來了豐厚的收穫，他完成各類作品二十餘種。

　　「緣緣堂」名字的來由卻早在幾年前，當年在上海江灣時，弘一法師讓豐子愷抓鬮，兩次都抓到「緣」，「緣緣堂」就此定名，這是緣緣堂的靈，直到在石門正式建屋賦予形。

　　從老屋到華屋，豐家生活並不很富有，但安寧和快樂時時讓主人們心滿意足著。這是一個很普通的中國之家，但又何其地不普通，漫畫和文章不斷地從緣緣堂來到這個世間，向世人展示了緣緣堂極不尋常的一面。

三

　　一個擁有幸福童年的人是幸福的，他的性格也因此寬厚，心靈也因此充滿了溫情，而豐子愷，便連他的畫裏也滲透了這樣的情懷，是畫的靈魂所在。

　　豐子愷自小酷愛畫畫，私塾老師讓他畫孔子像，每天早晨和放學，他和同學對著孔子像恭敬地一拜。在浙江省立第一師範學校，他隨李叔同（弘一法師）學圖畫和音樂，隨夏丏尊學文章，曾赴日本學習藝術。在白馬湖春暉中學的小楊柳屋，他的漫畫出世了，一個藝術上的奇跡以不張不揚的姿態來到世人面前。那時候，小楊柳屋的牆上，用圖釘別著他剛剛完成的作品，小屋一間，圖畫滿室，藝術的芳香經久不散，讓每一個走進這間小屋的人流連忘返。1924年，在朱自清、俞平伯主辦的刊物《我們的七月》上，〈人散後，一鉤新月天如水〉發表，畫面上，一道捲簾，一隻小桌，桌上一隻茶壺幾個杯子，人已盡散，唯見一彎新月，意境幽遠，給人無盡的遐想。這是他公開發表的第一幅漫畫作品，得到上海《文學週刊》主編鄭振鐸高度讚賞，感覺被帶到了一個詩的意境。次年，《文學週刊》陸續發表其畫，鄭振鐸冠以「子愷漫畫」之名，豐子愷成了中國抒情漫畫的創始人。

豐子愷

藍印花布上的石門古鎮圖

豐子愷最早的漫畫題材取自古詩，古詩融入到筆法疏朗的繪畫的意境中，一如行雲流水般地舒暢。〈無言獨上西樓，月如鉤〉一畫，看似無語，卻多情；〈過盡千帆皆不是，斜輝脈脈水悠悠〉，畫不盡女子的相思；〈幸有我來山未孤〉，人山皆有情。我們讀古詩，常常會被詩中的意境所感染，但也只是這樣地被感染著，想像著，豐子愷卻用他的畫筆，以極其簡練的筆墨，把詩意描繪下來，講求氣韻的有機融合，讓人不由自主地沉醉了進去。你看〈今夜故人來不來，教人立盡梧桐影〉，夜色下的盼望越來越長，月色下的影子越來越短，連兩隻小兔子也等得心急呵。豐子愷生命中的那份至情至性，滲透到漫畫中，一任情感無限地抒懷，真可謂前無古人，至今無來者。

他的兒童漫畫最受小朋友的歡迎了。〈阿寶兩隻腳，凳子四隻腳〉，畫的是女兒阿寶脫了自己的鞋再拿了妹妹的鞋給凳子穿；〈爸爸回來了〉，兒子瞻瞻

穿上爸爸的長外衣，手拿爸爸的公事包和拐杖，還戴了爸爸的寬簷帽，就自說自話地認為，這是爸爸回家了。這一個個的小景，從父親的眼裏看出來，天真爛漫童趣盎然，從藝術家的眼光把握，便化作圖畫恒久留傳了。

幾年前我帶著兒子初次到石門緣緣堂時，我們看著這一幅幅的古詩題材和兒童題材的漫畫，各自愛不釋手，便帶回了各式各樣的漫畫、明信片、火花、藏書票、賀年卡等，每當我查找資料看到這些的時候，那翻動的手便緩了下來，總得重新欣賞一次。一份由心而來的喜悅陣陣襲來，我感受著靈魂在漫畫中彌漫著的那份溫情。

四

我初讀豐子愷隨筆距看到他的漫畫，相差的時間甚遠，印象也不太深，所以未曾把兩者聯繫起來，這次重讀緣緣堂隨筆集，才知道他的好多漫畫都是有「模特兒」的，如前面說到的阿寶、瞻瞻。某一天，瞻瞻靈光一動，創造性地用兩把芭蕉扇做成一輛腳踏車騎，於是便有了〈瞻瞻底車（二）腳踏車〉。當成名後的豐華瞻（瞻瞻）作為著名教授到外國的大學演講時，禮堂上就懸掛著這張畫。

在鄉下，豐子愷看到三娘娘紡線，於是有了〈三娘娘〉的紡線圖。在上海的老房子裏，有時從過街樓上掛下一隻籃子買兩隻粽子，便有了〈買粽子〉。一次豐子愷在一隻船上，從窗外看去，有人坐在野外理髮，窗戶成了畫框，他把畫面略加調整，便是一幅〈野外理髮處〉漫畫。

豐子愷從畫古詩開始，畫兒童、畫社會眾生相、畫自然等，畫了很多很多。1925年底，他的《子愷漫畫》由開明書店出版，次年出版《子愷畫集》，此後一發不可收拾，文學、繪畫、音樂、翻譯等各個方面均有大量作品問世，迎來了豐子愷一生事業的全盛期。

豐子愷的畫，正如俞平伯所説的，「一片片的落英都含蓄著人間情味」，情溢於衷而發為文墨，投入了他太多的感情，所以特別容易引起共鳴。他的〈挑薺菜〉、〈斷線鷂〉，曾經引起當時在北京的朱自清對江南、對兒時的無盡的懷念。另一幅〈幾人相憶在江樓〉，他的老師夏丏尊常把這畫掛在牆上，當老師懷念學生時，便抬頭看看這畫，並為學生默禱平安。

　　這樣感人的故事，讀來不覺怦然心動，還有誰，還有誰能讓人如此忘我而心醉？

五

　　無常，是豐子愷經常提到的一個詞。

　　世間很無常，世間的一切都很無常：人、自然，大地上的一切。因為無常，於是歎息。

　　那個小時的玩伴王囡囡，在豐子愷後來回鄉時，改口原來的「慈弟」而叫他「子愷先生」，讓人唏噓不已，一時仿如看到了閏土。

　　紅了的櫻桃，綠了的芭蕉，一樣向人暗示了無常。葡萄葉兒一片片地飄落，日曆無常地翻過一日又一日。1938年，豐子愷被戰火所逼流亡於中國內地，緣緣堂毀於日軍炮火。無常歲月中，緣緣堂一度讓人痛心地消失了。無比憤慨中，豐子愷寫下了〈還我緣緣堂〉和〈告緣緣堂在天之靈〉。

　　抗戰勝利後，當經歷了戰火洗禮的豐子愷重回石門灣時，他差不多認不出他的出生地，荒草、廢墟，故土默默無語。他已看不到緣緣堂的影子，看不到紅了的櫻桃和綠了的芭蕉的美景。兒子華瞻從地裏找到一塊焦木，帶回北平留作紀念，唯此而已。

　　1975年，遠方的遊子又一次回到故鄉的土地。那是一個春天，樹葉兒點頭，油菜花歡歌，石門的鄉親熱烈地歡迎老畫家重回故

里。豐子愷被感染了，他深情地回報給予他熱情的鄉親，為他們留下了珍貴的墨寶。

豐子愷回去後，他的健康每況愈下，歲月又一次顯示了無常，也就在這一年，他匆匆作別了這個無常的世界。當他的夫人過逝後，子女將豐子愷的衣冠和夫人合葬於石門的鄉下南聖浜。南聖浜是他妹妹常年生活的地方，也是戰前戰後，豐子愷離開石門和回到石門的第一站。那一個地方，小河橫流，樹木常綠，清風徐拂，油菜花飄香，一派迷人的田野風光。自由飛翔的靈魂，一定很願意來這裏。自然，也因為大畫家的緣故，我看到，這兒的天更藍水更清了。

1985年，緣緣堂由桐鄉市人民政府和新加坡佛教總會副主席廣洽法師出資重建，1998年，在豐同裕染坊店舊址上，又興建了豐子愷漫畫館。館外的圍牆內側，刻的都是豐子愷的漫畫。豈止是圍牆呢，天空大地，眼裏所看到的，彷彿都是他的漫畫。一個漫畫的世界，滿世界的溫情。

2005年4月

南聖浜豐子愷墓地（夢之儀攝）

巴金祖籍拾遺

——巴金李家祠堂

一、建造李家祠堂的背景

　　據巴金（原名李堯棠）的曾祖父李璠撰〈先府君行略〉一文記載，李氏祖籍浙江嘉興縣，世居甬裏街。從巴金高祖李文熙（號介庵）起入蜀，曾祖李璠、祖父李鏞、父親李道河，就在四川一地任

職及生活。李文熙有三子李璿、李璣、李璠。李璿的二兒子名李忠清，字蓉洲，族人稱蓉洲公，是巴金的二伯祖，李忠清有一子名李青城，是巴金的二伯父。

　　李文熙之長兄李寅熙，字賓日，號秋門，貢生，無子，後以李璣為嗣，著有《秋門草堂詩鈔》四卷，李寅熙後來離鄉北遊，晚年多居京城，並且卒於北京。

劉旦宅為《家》第一章所做的插圖

李忠清於清同治年間在嘉興塘匯建造李家祠堂，從巴金〈塘匯李家祠堂〉一文看，初建的祠堂並不大，進了門是天井，天井沒有鋪水泥，是泥地，走上石階約十餘步是神龕，神龕中供著神主，外面嵌著玻璃，神龕前放著一張供桌。石階兩旁各有一排欄杆，上面有幾扇窗戶，靠右邊牆壁走過去有一道小門，裏面還有一間。祠內兩旁牆壁嵌了兩塊石碑，碑文記述蓉洲公李忠清建祠堂的緣起。文革時祠堂被毀，石碑據稱被造到了後建的房屋中去了，至於碑上寫了些什麼，沒有人記得了。

　　有一個問題是，李忠清遠在四川，為何還要想著到嘉興建造家族祠堂？建祠堂為何是李忠清而不是李氏在嘉興的後代？

　　帶著這些問題，我來到嘉興圖書館古籍部。在這之前，我已陪同巴金研究專家周立民到塘匯尋訪過李家祠堂遺址，他的《巴金手冊》也看了個大概，知道了一些巴金祖籍的簡況，同時讀過陸明（嘉興市作協副主席）和《嘉興市志》（史念主編）記錄的有關巴金祖籍嘉興的一類文章，知道清光緒的《嘉興縣誌》對此事有記載。我想親眼看看這些史料，眼見為實。我在查閱資料之前，先碰到了秀州書局范笑我兄，他非常認真地對我說，這方面的資料，已經沒什麼遺漏了，不要浪費時間了。他清楚地知道《嘉興市志》編纂室在這方面所花的功夫，我也相信他說得沒錯，但有時我總是有些固執。在我查到李瑤傳後，我匆匆看一眼便忙著拍照，接著又去查其他了。原以為真的沒什麼，回到家細一看，才知道有些內容與我先前看到的不盡一致。

　　讀過李瑤和李忠清的傳，我看到了一些事實，也猜測到建造祠堂的一些背景了。

　　據清光緒三十四年《嘉興縣誌》記載，李瑤，字魯珍，號宗望，著有《醉墨山房僅存稿》，共分兩冊，包括文稿、詩稿、詩話、公牘四種，是宗望公李瑤之子浣雲公李鏞在其父去世三十年後

刻印的。李璠是個孝順的兒子，「璠年十五喪父，奉母張氏居敘州（今宜賓），嘗割臂療母疾」。又有才氣文名，「寄籍應童子試，格於議，乃橐筆遊於公卿間」。李璠最出色的當數軍事方面的才能，咸豐年間，李璠敘州按察司經歷，協助當時的南谿縣令唐炯對抗農民起義軍，才能顯著，尤其在四川筠連一地，消滅瓦解了以何金龍為首的義軍，「權筠連縣，地當要衝，新罹兵燹，撫集訓誨民氣以伸土寇，何金龍嘯聚千人應滇賊，立捕誅之，散其黨」，其後擢署四川南谿、興文邑令，最後卒於定遠縣任。

李忠清的經歷也與義軍有關，清軍與在四川的李永福在幾個城市展開激戰，「長寧、筠連、高縣俱陷，獨慶符獲全，全忠清之力也。」於是，「民為建生祠」。但他的功績還在後頭，夔州守唐炯督軍戰義軍，「恃忠清為前敵，以舟師破石達開於涪州，又敗別賊於綦江，積功擢任打箭爐同知，所至興利除弊，才望一時稱最焉。」李忠清功勳卓著，在活著的時候就有人為他建祠堂了，於是他想到為家族建造祠堂完全在情理中，而他的祖籍在嘉興，這樣便有了塘匯的李家祠堂。那是一個大家族的象徵，象徵了身份、地位和榮耀。

這是一個事實，李璠和李忠清都是在圍剿農民起義軍之後擢升的，由此奠定了一個大家族的經濟基礎，巴金祖父李鏞後來才有錢收藏字畫，生活又很奢侈，所有這些，給了巴金什麼樣的影響呢？巴金從小生活在這個富裕的家族，但是祖父輩奢侈的生活讓他生厭，下人悲苦的生活則激發起他的同情心，所以青年時期他和三哥就走出了這個大家庭。巴金對於這個大家庭的感情是相當複雜的，他說離開舊家庭像是甩掉一個可怕的陰影，但在晚年，一再流露出對幼年時期的美好回憶，畢竟那是他過去的家。他同情弱者，是個悲天憫人的人道主義者，他崇尚正義，敢於挑戰黑暗，但是舊家庭，他又有太多的記憶，母親、楊嫂、大哥……因為這些，他的回憶裏充滿了溫馨。我想，這才是真實的巴金，靈魂高尚而溫情。

1907年的家庭合影，右三是巴金的母親，左三外婆懷裏抱著的是巴金，這是目前所見到的巴金的第一幅影像

二、憂傷、質樸的詩人

我曾讀到文章介紹李寅熙，説他是一位風雅的詩人，我對此很感興趣，很想知道他的詩如何風雅，但清光緒《嘉興府志》、《嘉興縣誌》對他的《秋門草堂詩鈔》僅存目，這多少讓人失望。范笑我兄給我提供了一個線索，《秋門草堂詩鈔》廣東中山圖書館有藏本，這未免太遠了點吧。我只能從清詩入手，《詩總集·詩別集草目》介紹了好多詩集，那裏也有個叫李璠的詩人，卻是明代嘉興李日華的女兒。茫茫書海，真是太難找了，何況也未必有。在我快要放棄的時候，也在圖書館查閱資料、對嘉興鄉邦文化頗有研究的尤裕森先生給了我幫助，他給我列出了四套書，我在他列出的《續檇李詩繫》中看到了李寅熙的詩和別人對李的評價，我這才知道，李寅熙並不像別人説的那樣風雅，他實際上很受處境的困擾，是一個憂傷的詩人，好在其詩比較質樸，還是令我有些喜歡的。

李寅熙著的《秋門草堂詩鈔》，共《小盤谷焚餘集》、《安雅居萍泛集》、《意舫勞歌集》、《品藥山館呻吟集》四卷，嘉慶

十九年由其四弟文熙付梓，吳錫麒，查瑩、張問陶作序，郭麐等若干人題詩。

李寅熙與秀水汪如洋、王復為詩友，「兩君亦雅重其人」。郭麐《靈芬館詩話》，稱其「享年不永，故所作未遑深密，然清疏雋上之氣，自不可磨滅」，又謂其「秋試京兆，屢困有司，侘傺以卒」，故其詩未能成家，存集自記生平而已。

我在《續檇李詩繫》中讀到李寅熙的三首詩，其中有一首是寫給好友汪如洋的，詩名〈感舊寄雲墅〉，雲墅即汪如洋。詩是這樣寫的：「雲龍角逐記當年，車笠而今轉自憐，壯歲渾如春易老，可人真是月難圓。讀書得力差安命，止酒無功又破禪，萬里論心同咫尺，病懷駊騀向君傳。」讀書得力差安命，所以到最後他還只是一個貢生。

另一首〈九日閱試錄作〉也差不多寫這種境況的，心情卻已解脫：「落解心情冷似灰，廿年南北病顏摧，而今得失無關我，也看題名錄一回。」

曹種梅評其詩：「筆朗潤清華，俗塵不染，以旅食都門自傷不遇，窮愁之作，令人誦之輒喚奈何。」李寅熙的另一首〈蔓心菜〉也提到自己旅食都門久，後來自己種菜賣菜醃菜，有幾句讀來清晰宜人：「春田故鄉夢，野景紛可觀。酥雨融凍畦，翠甲迸鬆土。連朝忽掀秀，曉起忙老圃。花稀黲曲塵，苔短折釵股……」

看來詩人是過起了隱居生活了，這未免不是好事呢，清代的舞臺上少了一位士大夫，嘉興的歷史上則多了一位詩人。

三、尋找李家遺蹤

嘉興塘匯的李家祠堂，原址在今塘匯鎮塘西街，現居民住宅133、135號，往背後的某個牆角，李家祠堂舊影依稀。到此尋蹤者

塘匯鎮塘西街（夢之儀攝）

1925，巴金（右）與三哥李堯林攝於南京

李家祠堂舊影依稀（夢之儀攝）

不斷，史念主編的《嘉興市志》和范笑我的《秀州書局簡訊》都有記載此事的。

1923年巴金和三哥李堯林離開成都，來到上海。巴金和三哥約在1923年6月3日前後第一次來嘉興，在嘉興南門的四伯祖李熙平家（西米棚下15號，1999年春拆除）住了兩天，和在上海新申報社做事的族叔李玉書一起在四伯祖的指點下來到祠堂祭祖，看到祠堂破舊不堪，便寫信給四川的二伯和二叔，告知祠堂現狀，隨後由二伯李青城出資八十大洋，委託嘉興族人修復祠堂。1924年1月13日巴金和三哥第二次來到塘匯，祠堂已修復，祠中供李氏列祖及李忠清等神主。祠堂修復後，看守祠堂的族人名斐卿的，因嗜鴉片，把祠堂的大門當了，巴金兄弟將祠堂大門贖了回來，怕他再拿去當，讓隔壁棺材店的一個木匠用鐵釘鐵圈把門釘了起來，也因為這個緣故，供桌是用磚砌成的。

這一次，他們在四伯祖家住了十天，經常帶堂妹德嫻去附近

的槐樹頭一帶玩。1月23日返回上海去南京，後巴金入東南大學附中補習班求學。1924年，巴金在南京寫成〈嘉興雜憶〉，分〈塘匯李家祠堂〉、〈夜雨中之火車站——火車中〉（殘稿）。

1991年2月9日，巴金向嘉興市志編纂室提供了李氏世系資料，並在〈塘匯李家祠堂〉複印稿上作了個別字句的修訂，〈塘匯李家祠堂〉發表於1991年2月23日《嘉興日報》。

嘉興市志編纂室用近三年的時間，研究巴金的祖籍世系和他與嘉興的關係，1997年12月出版的《嘉興市志》在「雜記叢談」刊印了〈巴金祖籍嘉興〉一文。

1999年9月，許岩攝影、陸明撰文的《嘉興影蹤》出版，其中有〈巴金與嘉興〉一文和原西米棚下15號照片一幀。

2002年8月6日，史念、曾任嘉興市長的杜雲昌和攝影家黃才祥去塘匯尋訪巴金李家祠堂。

2002年9月9日，李氏後人李斧來嘉興圖書館查找有關其祖上的資料，查閱了清光緒《嘉興縣誌》。

2002年9月28日，巴金的女兒李小林、弟弟李濟生、侄子李致從上海來嘉興尋根。

2003年4月11日，作家李輝從上海來嘉興，下午與黃才祥、吳香洲、陸樂、劉雲舟、范笑我一起去塘匯尋訪李家祠堂遺址。

巴金研究專家周立民到塘匯尋訪
（夢之儀攝）

2004年11月6日，巴金研究專家周立民從上海來嘉善，隨後由夢之儀陪同前往塘匯尋訪李家祠堂遺址。

　　2004年12月9日，李斧、周立民從上海來嘉興，范笑我、薛家煜和他們一起看了用裡街上的「仰甘亭」，眺望了對面的鰻鱺橋。用裡街民豐會堂對面的大榆樹下的「仰甘亭」，旁邊的碑上寫著：文學家巴金，原名李堯棠，字芾甘，生於四川成都，祖籍浙江嘉興。

　　……

　　當然，這份記錄是不全的，必定還有不少遺漏，在將來，也一定還有這樣的尋蹤者。尋蹤為哪般？留下歷史，還原歷史，興許今人或者後人能從中借鑒一點什麼。

四、今天我們能夠做些什麼

　　巴金一生有三個重要的地方，成都是他的出生地，上海是他長年工作和生活的地方，嘉興則是他的祖籍地。成都巴金的家鄉建有巴金文學院，上海於2003年成立了巴金研究會，作為巴金祖籍地的嘉興人，也應該做點長久的實事，不只為利益的原因。

　　在本文初稿完成後，我有幸結識了李斧。在和李斧兄的多次交流中，我看到了他贊成什麼，反對什麼。他反對嘉興人設想的重修李家祠堂的計畫，但他贊成修建中國祠堂民俗文化博物館，認為祠堂是傳統民俗文化的一部分，確實有研究和博物價值。並且他說，如果真要是能這樣做，他倒是有珍貴家族祠堂資料可以貢獻出來。

　　在嘉興修建中國祠堂民俗文化博物館，也許很多嘉興人沒有這樣的自信，因為嘉興沒有大規模的祠堂建築。但在清代，嘉興一地的祠堂也有不少，單就嘉善縣來說，據清光緒《嘉善縣誌》記載：縣內共有祠堂五十一座，其中二十座以名宦專祠，三十一座是世族祠堂。專祠中有惠民鄉的陸宣公祠，為祭唐朝賢相陸贄而建，有祭

田二百畝，1949年前每年清明節，由陸氏家族主祭。陸贄秉性貞剛，嚴於律己，甚得朝廷倚重，號稱「內相」，名列古代十大名相之一，蘇軾認為他文辯智術超過漢代的張良。魏塘鎮的忠孝祠是紀念一代明臣魏大中及其子魏學洢，其家一門忠烈，卻慘遭宦官魏忠賢的迫害，後魏大中被追諡為忠節，魏學洢亦被下詔旌表為孝子，魏學洢還留下著名的《核舟記》。西塘鎮現在還有個名叫「四賢祠」的地方，當時就是為祭祀在歷史上有功於當地的四位賢人明知府楊繼宗、參政喻良，清巡按龐尚鵬、邑侯莫大勳。在我們當地，不是搞文史的人，現在還能夠說出陸贄、魏大中這些古代赫赫有名的賢臣已經不多了，知道巴金祖籍地在嘉興更少，這樣說來，祠堂博物館的建立，其意義也就深遠了，祠堂博物館可以部分地承擔起宣傳歷史名人、傳播祠堂文化的作用。嘉興一地，可以借某一個名人家族祠堂為背景，並且可以將祠堂文化與江南宗教文化、建築文化、瓦當文化、茶文化、酒文化等有機結合起來，開闢一個祠堂文化的新天地，再者，中國大地上，名人祠堂始終是我們視眼中的一個關注點，如成都的武侯祠，福州的林則徐祠堂，海口的蘇公祠等等，把名人祠堂做一個總結，不是很有意義的事？名人祠堂和祠堂文化自然是祠堂博物館的一個重要內容了，嘉興的祠堂博物館立足嘉興的名人祠堂，且完全可以輻射到全國，如果嘉興人真有勇氣這樣做了，那麼將是嘉興人的福氣了。

此外，我們還可以借機成立嘉興文化名人史料中心，以此來推動嘉興文化名人史料的搜集整理、保存研究、宣傳推廣工作，打造嘉興文化品牌。

嘉興，自古是個文化名城，在文化老人巴金的心中，一定期待嘉興人在文化上有更大的成績。

魂繫南北湖

——黃源藏書樓

南北湖

嘉禾一地，自然風光最迷人的，我想一定得把這個桂冠送給海鹽境內的南北湖，這是個風景如畫的好去處。有山有水的地方，就能吸引各種各樣的人，仁者樂山，智者樂水，所以仁者喜歡來，智者也喜歡來，不管什麼人，南北湖都大氣地接納了。

南北湖的美在於南北兩個相鄰的湖，一堤之隔，把湖分開了。在我看來，北湖是有著聊齋風味的，這麼說我是有理由的，那裏有一個小小的島，名白鷺洲，這名稱就讓人浮想聯翩了，這白鷺是真白鷺還是美女化的呀，白鷺洲的晚上是不是美狐出入之處呢，總之有好多聊齋式的疑問，引領著你去尋找，去感受，去體味。我不是從聊齋中來，但每個人面對聊齋式的傳說，儘管有些惶恐，又都有些喜愛。想去感受，又怕在感受中迷失自我，失去本我。那種又喜又怕的心思，是不進入聊齋的人難於體會的。此時，如果當你知道，明清之際，名士冒辟疆偕董小宛來此避亂，北湖之畔傳說有董小宛葬花處，你的憐愛是不是又多了一層？心情是不是又複雜了一層？人與狐與湖，盡歸於風花雪月。

我早兩次到南北湖，白鷺洲是遠遠地隱在北湖中的，這種神秘感並沒有隨著年齡的增長而消失。可去年再去時，一條曲折的水榭把遊人引向曾經神秘的白鷺洲，聊齋式的白鷺洲終於在我心裏消失了。一個小島而已。

　　至於南之湖，也曾是帶著迷離風光的。民國年間，上海明星影業公司在此拍攝電影《鹽潮》，編劇是阿英，主演是蝴蝶。如今的南湖，就有小島名蝴蝶，以紀念這位電影皇后。

　　南北湖，除了湖，當然還有山，除了山，還有海，集山、海、湖於一體，這樣的景觀並不多見。我們登山至鷹窠頂，就能將山海湖盡收眼底。據舊志載，到了農曆十月初一凌晨，在山巔可看到日月同時從海天盡頭冉冉升起的奇景，這一奇觀被黃宗羲命名為「日月並升」，並成為東南一絕。

　　雲岫庵就位於鷹窠頂的山腰，清明節當地有「踏青登雲岫」的習俗，常有上萬人登山遊覽。我想像著，若是身在其中，草木繁華，人心也繁華了——感受到的不止是一顆心，是無數顆跳躍的心。

　　繞著南北湖走，再回到北湖之北，有一處文化名人區。那裏有金九避難的載青別墅，有陳從周藝術館，這兩者中間，還有一幢別致新穎的建築，是黃源藏書樓。這緣於黃源1996年向家鄉海鹽贈書近萬冊，於是家鄉人民在南北湖建起了黃源藏書樓，兩年後竣工。

鷹窠頂（夢之儀攝）

藏書樓建築面積560平方米，分左、右兩樓，左為創作樓，右為藏書樓，中間有曲折走廊相通，整個建築具有明清建築特色。黃源是怎樣一個人呢？為何在南北湖有他的藏書樓？不妨讓我們的目光跟隨他走一程如何。

武原古鎮

　　黃源，名啟元，字河清，1906年出生於海鹽縣武原鎮。

　　武原鎮是一個歷史文化古鎮，歷史上有海鹽三遷的說法，這是指海鹽歷史上三次大的遷移。

　　最早，海鹽縣城在現在的金山衛附近，屬古代華亭鄉的柘林。秦漢時發了大水，渤海灣、東海相繼發生海侵，海鹽縣淹到海裏去了，縣治陷為柘湖，柘湖今已不存。這樣海鹽搬家了，搬到現在的平湖這個地方，名武原鎮。到了東漢時期，水又淹過來了，平湖大部分土地都變成湖了，據《後漢書》記載，海鹽縣治陷為當湖。當湖現在還在平湖縣城。這樣，海鹽縣第二次遷移，這次遷到了乍浦的故邑山下。

　　過了一兩百年，水漫金山重演，海鹽縣城第三大搬家，這次遷到了現在的海鹽縣馬嗥城，時在東晉年間，大約唐時又遷到現在的武原鎮。要算遷移的話，共有四次，不過最後一次距離不遠，才三十裡路，是小的遷移。

　　海鹽南遷的時候，把原來在平湖縣城的武原鎮這個名字，也帶過來了，變成海鹽的武原鎮，地方是新的，名字還是老名字。海鹽縣城如此複雜，如果不認真盤點一番，還真不太弄得明白。

　　人們不禁要問，為何現在武原鎮這個地方能夠待得住？因為錢塘江水往外沖，和長江潮碰上，東海正面擋不住，但是下面擋住了，所以這個地方穩定了下來，就淹不了。

東晉干寶作《搜神記》，裏面有大水淹海鹽的故事，就是那個時代的烙印。《搜神記》講一個老太太，天天來看海鹽縣城，守城門的問，你來看什麼，她說我來看看動靜，問看什麼動靜，老太太說城門上畫的野獸，看看它動了嗎？看城門的走掉了，老太太就跑到野獸上邊，點了眼睛，結果野獸活了，野獸一活，大水來了，把這個地方全部淹沒了。也許野獸象徵著災難吧，野獸一活，洪水就來了。

一個古鎮，不斷地遭受災難，不斷地遷徙著，黃源就出生在這樣一個有著遷徙歷史的古鎮。似乎是為了契合生養他的古鎮的歷史，黃源的一生也在走南闖北中度過。

春暉中學

嘉興教會學校秀州中學是黃源接觸西方文化之始，他在那裏打好的英語基礎，為日後協助魯迅編輯《譯文》月刊和「譯文叢書」創造了條件。不過，兩年後他就離開秀州中學，到了上海，因為一個親戚的關係，他住到了國民黨元老于右任家，這是他與名人交往之始。之後，他到南京東南大學附中讀書，在南京，他認識了徐志摩，見到了泰戈爾，聆聽章太炎演講。

1924年夏，黃源轉到浙江上虞白馬湖的春暉中學就讀。

白馬湖（夢之儀攝）

　　黃源到春暉中學的起因是看到了該校的校刊，教師中有文學家夏丏尊、藝術家豐子愷等，於是他從南京到上海轉寧波，暑假連海鹽老家都不回，直奔春暉中學來了——讀到這些，我是有些動心的，不免羨慕起那個時代來，喜歡哪個學校就上哪兒讀書，自由的空氣是這樣美好，又是這樣地吸引人。不僅學生，教師也這樣，校長可以自由聘請教師，不受行政控制，同氣相投者就會匯聚到一起，於是，安靜的、淡定的白馬湖迎來了大批名家，正是這些散文家藝術家教育家，成就白馬湖的聲名遠播。

　　黃源到春暉中學，事前也沒有聯繫。他到了學校，把行李放下後，問清楚夏丏尊的住處，沿著白馬湖邊的小路，徑直來到夏丏尊先生的「平屋」。六十年之後，黃源回憶往事，記下當時這一幕場景：

> 夏先生不嫌我莽撞，親切地接見了我，問明瞭情由，他說：「轉學不成問題，交一篇作文看看。現在離開學還早，你先在學校住下，看看書，講堂大樓前有游泳池，有伴遊游水。不要有顧慮，可隨意來坐坐談談。豐子愷先生就住我隔壁。
>
> （黃源〈紀念夏師丏尊〉，《黃源文集》，上海文藝出版社2005年5月版）

　　夏師的一番春風雨露般的話語，令迷惘中的青年頓時有了依託，從此，夏丏尊的「平屋」和豐子愷的「小楊柳屋」，是他經常逗留的地方，呼吸在自由的、藝術的空氣中，黃源由此受到了深深的影響。

　　黃源回憶，夏丏尊的書房，除線裝書外，有很多日本作家的小說和歐美各國小說的日譯本，黃源對外國小說有著極大的興趣，國木田獨步、山田花袋、芥川龍之介等名家的一冊冊原著，成了他最大的精神食糧。豐子愷的居室掛滿了他的漫畫，還掛著他的小提

琴，但對黃源最有吸引力的還是英美名家的日譯本，如哈提的短篇選集、吉辛的《四季隨筆》等。什麼樣的土壤培植什麼樣的人才，我想應該是這樣的，黃源扎根於這樣的文學土壤，他對文學的興致更濃了。

黃源在春暉中學的老師，教國文的是朱自清，朱光潛就住在朱自清隔壁，匡互生是數學教師兼訓育主任，在思想上，黃源受匡互生影響最大。

來到白馬湖畔的黃源是幸運的，那正是春暉中學名師薈萃的時候：校長經亨頤是著名的教育家，夏丏尊、匡互生、豐子愷、劉薰宇、朱自清、朱光潛、劉延陵等作家、藝術家和教育家，一起在白馬湖共事，同時又由於他們的關係，弘一大師、俞平伯、葉聖陶、劉大白等都與白馬湖結下很深的淵源，他們共同形成了白馬湖作家群。白馬湖作家群造就了春暉的輝煌和那一段歷史的絕響。

但是，黃源在春暉中學的時間僅半年。因「氈帽事件」使得大批名師紛紛離校，黃源正是氈帽事件的導火線。一次，黃源戴上烏氈帽去上體操課，遭到體育教員的訓斥，以致發生師生衝突，被當局開除。訓育主任匡互生不滿這種做法，在力爭不果的情況下，憤然辭職，豐子愷、夏丏尊、朱光潛等一批名望的教師也跟著離校。不久，匡互生和夏丏尊在上海江灣創辦了立達學園，離開春暉的群英，又紛紛彙集到了立達學園。立達，取《論語》「己欲達而達人，己欲立而立人」的意思，匡互生主張感化教育。

立達學園創立後，又成立了立達學會，夏丏尊主編會刊《一般》，同人有匡互生、葉聖陶、朱光潛、豐子愷、馬宗融、夏衍、趙景深、白采、沈雁冰、鄭振鐸、胡愈之等，凡此種種氛圍，營造了一個極為和諧、向上的環境。

黃源在家鄉的一間小廟自學了半年之後，也前往立達，師生們又在一起了。

在魯迅身邊

人的一生，常常因為一些人或事的出現，他的命運隨之發生了變化。和很多當時進步的文學青年一樣，黃源的青春幸運地與魯迅聯繫到了一起。在魯迅身邊，這樣的青春必定有著驚心動魄的亮麗！

黃源第一次見到魯迅是在1927年10月，那時魯迅離開廣州到上海定居，10月25日，魯迅應邀到上海勞動大學作〈關於知識份子〉的演講，這是他到上海的第一次公開演講，也是黃源第一次見到魯迅。其時，黃源在江灣勞動大學編譯館工作，那天，黃源等三人一起作記錄，演講結束後，黃源把記錄整理了出來，發表在當時的《勞動週報》上。三天後，魯迅又到立達學園演講〈偉大的化石〉，黃源再次作記錄，這次演講後，他們同在會客室吃茶點，黃源第一次聽到魯迅隨意的談笑。一個名家和默默無聞的年輕人之間的距離打破了，沒有距離感的名家給黃源留下了很深的印象。

但黃源真正開始接近魯迅，並出入他的門下，是從協辦刊物《文學》和《譯文》開始的。在魯迅身邊，黃源寫就了一生中最為精彩的華章，並且在蕭軍蕭紅來到上海後，彼此成了好朋友。那是一段令年輕黃源一生難忘的激情歲月，在魯迅的領導下，從事著無

黃源（左）與蕭軍蕭紅在一起

限美好的事業，青春和夢想交織在一起，組成了一段炫麗的音符，黃源在迅速成長。

1933年7月《文學》創刊。《文學》以停刊了的《小説月報》成員——文學研究會為基幹，並結合「左聯」和其他進步作家，是一個全國性的進步的大型文學月刊，由鄭振鐸、茅盾主辦，魯迅積極支持。巴金、郁達夫、沈從文、老舍等是經常的撰稿者，那時巴金在《文學》上的作品，也大都交給黃源處理。

這期間還發生了一件事。1933年7月，左聯作家、地下黨員樓適夷策劃，由上海幾個公開的文學團體出面邀請美國黑人進步作家休士介紹他訪問蘇聯的招待會，接著《文學》上刊登了一張會議照片，樓適夷在照片中出現了一個側影，他馬上就被捕了。獄中的他開始翻譯高爾基的《在人間》，幾年後譯稿完成，轉到魯迅手中，魯迅便把這情況跟黃源説了，當時黃源翻譯的《在人間》正在《中學生》雜誌上連載，於是他停了自己的譯稿，接上樓適夷的譯稿，幫樓適夷度過生活中最艱難的日子。從這件事可以看出，在魯迅影響下的黃源胸襟同樣寬廣。

1934年9月《譯文》創刊。《譯文》是魯迅、茅盾直接領導下的刊物，前三期由魯迅一手編定，黃源幫忙校對。從第四期開始，魯迅把編輯的任務交給了黃源，是完全放手，從定稿、編目，最後清樣，既沒有向魯迅彙報，也沒有請他過目，只是等到成品出來了，一拿到手，黃源這才給魯迅送去。當然魯迅仍不斷地譯稿，找插圖。以後《譯文》停刊又復刊，黃源和魯迅的聯繫更緊密了。當時魯迅身邊活躍著一批文學青年，「這批青年中有胡風、聶紺弩、蕭軍、蕭紅、葉紫等左翼青年作家，有來自文化生活出版社的巴金和吳朗西，有幫助他編輯《譯文》的黃源，有先編《自由談》後編《中流》的黎烈文，有主持良友圖書公司的文學出版的趙家璧，有編輯《作家》雜誌的孟十還，等等。」「這批青年是當時上海文壇

上最活躍的力量,又掌握著各種生機勃勃的現代傳播媒體──刊物和出版社(所以當時魯迅的聲音可以在幾家刊物上同時發出,足以振聾發聵),能夠發揮積極而健康的作用。」(陳思和:〈從魯迅到巴金:新文學精神的接力與傳承──試論巴金在現代文學史上的意義〉,陳思和、李輝著:《巴金研究論稿》,復旦大學出版社2009年7月版),這其中,黃源和巴金也成了好朋友,當他為了《譯文》的事從魯迅家出來之後,夜已經深了,但他常常還會再到巴金的住處,兩個人繼續敘談,等到晚年他們寫信時還在說起:「當年你在北四川路公寓,我從魯迅家出來,大半先到你處,告以魯迅言談。在敬佩魯迅這點上,我們是完全一致的。」(1973年6月8日黃源致巴金,《黃源文集》第六卷3頁,上海文藝出版社2009年1月版)以在魯迅身邊為榮,繼承魯迅的精神傳統──共同的理想和信念,成就了他倆七十多年的友誼。魯迅的影響是巨大的。

隨軍生活

1937年7月7日,日本全面發動對華戰爭,8月13日,日本侵略者對上海發起大規模進攻。上海抗戰的爆發,令復刊後的《譯文》再次停刊。此時,黃源和蕭軍一起合編《魯迅先生紀念集》,並撰寫了後記,於10月19日魯迅逝世一周年之際,由巴金主持的文化生活出版社出版。

因為父喪,黃源回到家鄉海鹽,原擬稍住即返滬,卻因交通阻梗,留在了家鄉。這時敵軍在金山衛登陸,海鹽也遭到了轟炸,縣長卻自顧跑了,不甘落後的還有抗敵後援會的負責人,他帶了會裏所有的款子,逃到上海去了。

黃源參加海鹽的慰勞隊到乍浦前線慰問抗戰將士,同時作為海鹽報社的特派記者報導戰況。這一次父喪引發的偶然事件,讓黃源

走了與巴金完全不同的道路。一個文化人，於大敵當前，為了自己民族的大義，告別十年來熟悉的文化圈，告別十年來一起耕耘的文化友人，告別十年來從事的文化事業，他從軍作戰地記者去了。

他們乘了船，共十船數百人，由海鹽向北出發。為了避免敵軍的注意力，他們把船隻一一分散。船行三裡，到海鹽西塘橋鎮，又向北行進。當夜色四合之後，他們一次次地迷路，最後在農民的帶領下，來到乍浦前線。

在乍浦，白天在飛機大炮的轟炸下，多半是在防空洞中度過的，深夜，從司令部採訪戰訊踏月而歸，從極南的街道跑回自己極北的住處，街上靜靜的，有時會遇到一兩隻被遺棄的狗，心裏一時會生出悲涼。

隨軍行走，過海鹽時，家鄉已成了一片空城。黃源從寺西跑回東門近海的家中，一路上看到不少房屋被炸，街上少有幾個士兵默默地行走，還遇到一群難民，男女老少從外地逃難而來，卻不知道這裏也遭難了！

黃源一家已轉到鄉間親戚家，家裏只剩下一個男僕，後廳亡父靈堂的孤燈發著幽幽的光。第二天，他到鄉間親戚家，好不容易找到船，接了家人，將母親、妻小，送到外地農村避難。此後，黃

黃源用過的文件箱

源轉戰全國各地,其間繼續編輯報刊,有新四軍的《抗戰》雜誌、《新華日報》、《東南文化》等,1944年8月創辦「浙東魯迅學院」並任院長,1949年任華東大學文學院院長。雖處於長年的軍旅生活,仍保持了他文人的本色。

葛嶺歲月

杭州西湖的北面,寶石山和棲霞嶺之間,有一處地方名葛嶺。相傳葛嶺為晉代《抱朴子》作者葛洪煉丹著書之處,山上有抱樸道院、初陽臺、抱樸廬、還丹古井等遺跡,初陽臺是欣賞西湖美景的好地方。

歷經了人生的輝煌和打擊,年近七十的黃源回到了西湖之畔葛嶺的家。

沿著裏西湖,折上山路,斜坡上去,轉個小彎,路邊便看到山門,門額上是「葛嶺」兩字。拾階而上,兩旁古木參天,山路不陡,到一個磚砌的方亭子前,亭前一幢平屋,就是黃源的家。

客廳的四壁,有黃賓虹的山水、茅盾和周而復的條幅、舒同的對聯等,書齋是另一番模樣,二十多平方的房間內,靠牆的四面,從底下到頂端,一排排的書頂天而立。書齋裏,有魯迅塑像,牆角還有雅致的盆花。晚年的黃源怡然地度了他並不空閒的山居生活。

黃源的葛嶺歲月,留下了很多故事,我特別留意了他與家鄉嘉興的故事。

1955年,他調到浙江任省委文教部任副部長,兼任浙江省文化局局長,其中戲劇也是他關心的一個方面,為了越劇《五姑娘》,他從嘉善工商聯調來業餘作者顧錫東進省劇目組,由他寫越劇劇本《五姑娘》,前後反復討論多次,四易其稿,後又召開多次座談會討論,最後終於完成男女合演的越劇《五姑娘》,獲得了極大成功。

吳潔敏、朱宏達的《朱生豪傳》出版時，黃源在1988年5月1日為此書寫了序文，此後他還幾次倡議，在南湖之濱為朱生豪建立一尊塑像。

1995年6月1日，張樂平作品的捐贈儀式在海鹽舉行，黃源當時住在醫院，但他不顧醫生的勸阻，抱病趕到海鹽，參加捐贈儀式並講了話。因為在張樂平生前，黃源曾與他相約，一定要出席這個儀式，黃源說到做到了。

王英就是在張樂平作品捐贈儀式認識黃源的，從此她不斷得到黃源的提攜和鼓勵，並走上了文學創作和研究之路。當王英完成《三毛之父——平民畫家張樂平》時，黃源身體並不好，但事先他答應了王英，要為此書寫序，於是在醫院裏，黃源口授，王英記錄，完成了這篇序文。

黃源是海鹽張元濟圖書館的發起人之一，1997年5月張元濟圖書館建館十周年之際，家鄉人到黃源家中請黃源題詞，黃源當即題寫了一句話：「張元濟先生是我國從維新到人民革命勝利的一代偉人。」他認為張元濟為民請命，主張維新，追求民主進步，不止出版家這麼簡單，而應是偉人、革命家。

不止嘉興人這麼幸運。又如他發現趙松庭笛子吹得好，就把他從金華調到杭州，專業搞笛子音樂創作，便得趙松庭發揮了最大的長處，後來才有他「江南笛王」的美稱。趙松庭的發展與黃源的提攜分不開。

這樣的故事還有好多，讀來不覺讓人怦然心動，身居高位者，不是誰都願意這麼做的。有些原本默默無聞者、有些即使有才華但走不出狹小天地的人，就是因為遇到像黃源這樣的人，才幸運地改變了他的一生。

書生意氣

黃源愛書，書伴隨了黃源的一生。

黃源的夫人巴一熔這樣回憶：「他自幼愛書，從省下糖果錢買小人書、買連環畫開始，直到在上海省下車費以步代車買書報雜誌，跑四馬路書店找書買書。到了日本以至到澳大利亞訪問還是上書店、逛書攤尋書、買書。他行軍時背包中有心愛的書，他挨批鬥時衣包中藏著書，他下農村勞動時挑著一麻袋書，回來時變成了兩麻袋書。他是許多書店的常客，他和很多書店、圖書館的售書、借書人是朋友，一有新書、好書他們會立即告訴他，為他訂書、買書、寄書。他可以不理髮、不買衣物但必須買書。他的家除床外，一室有半室為藏書園地，他單身時一床有半床是書，有時成立體包圍式，上下左右都是書，他隨手可取，圈圈點點、寫寫劃劃，他唯一的勞動是買書、搬書、曬書、上架。他一生愛書、讀書，一生與書結緣，一生與書相伴，幾乎到了癡迷的地步。」（巴一熔：〈愛的源泉——我和黃源六十年〉，《黃源紀念集》，中國福利會出版社2006年4月版）

黃源女婿周赫雄也有對黃源愛書的記載：「只要有書作伴，在再惡劣的環境中（例如被打成『右派』在鄉下時，文革時關在『牛棚』中時）他都可以旁若無人地進入他的精神世界中。我也常因為書而結識他的許多朋友。他送朋友、子女的最好的禮物就是書，最愉快接受的禮物也是書。他受難時，從有限的自己支配的生活費中最大的支出就是買書的費用。每次出差回來總是箱子中放著出差時新買的書，而把乾淨的替換衣服放在網線袋中（當時還少有塑膠袋，常用線編結的網袋裝物，有很大的孔的，只能存物而不能擋雨水和灰沙），任憑風吹雨打，常弄髒了沒穿過的衣物。」（周赫雄：〈黃源和他的書友們〉，《黃源紀念集》）如此之愛書，自然生出許多書的故事來。

1951年10月，上海魯迅紀念館成立開放。為了豐富展覽內容，1963年11月，黃源將珍藏的魯迅文稿《故事新編》捐贈了上海魯迅紀念館。

一次葉飛將軍來杭州，黃源去看他，帶去一套1946年初版紅色布面的《魯迅全集》，葉飛非常高興。

1966年早春，傅雷攜夫人朱梅馥從上海到杭州黃源家中，在書房看見一排四十多冊的《巴爾扎克全集》，這是傅雷早想買而買不到的書，他便借了去翻譯，可半年之後，傅雷夫婦雙雙自殺。

1974年周赫雄第一次去巴金家，替黃源給巴金送去日本作家增田涉的《魯迅的印象》抄本。

文革結束後，巴金女婿祝鴻生陪《杭州文藝》主編董校昌來葛嶺向黃源約稿，因為這個機緣，黃源開始了魯迅研究，他寫了一本本魯迅研究著作，《魯迅致黃源書信手跡及注釋》、《憶念魯迅先生》、《魯迅書簡追憶》、《在魯迅身邊》等，他還接待了一位位不斷來訪的魯迅研究者，孫用、陳漱渝、王錫榮、陳夢熊等。

⋯⋯

1996年，黃源向家鄉海鹽贈書近萬冊和魯迅給黃源的38封書信等一批珍貴的歷史資料、照片以及黃源手稿等。海鹽縣委、縣政府對此十分重視，於1997年撥款籌建黃源藏書樓，1999年落成開

黃源藏書樓（夢之儀攝）

放，由葉飛題額。藏書樓底樓，展出黃源參加新四軍和革命文化活動時的許多手跡、照片、實物、證件等，其中有與現代作家的許多照片，與巴金、蕭軍、蕭紅、丁玲、夏衍、馮雪峰、劉白羽、樓適夷、許欽文、陳學昭等人的合影，還展出黃源的手稿，豐富多彩。二樓，則展出了黃源捐贈給家鄉的圖書，其中最珍貴的一套圖書是魯迅贈給黃源的一套日文簽名本，係俄國著名作家陀期妥耶夫斯基的全集，共十冊，黃源珍藏了六十多年。還有一部珍貴藏書是1946年版最早發行的《毛澤東全集》，是戰爭年代黃源經常翻閱的。

　　黃源另有一部分資料捐給了上海魯迅紀念館「朝華文庫—黃源專庫」，包括一千多冊的書籍、文稿、照片和其他有意義的實物，共一千兩百多件。最有意思的是兩個近兩米高的六層黑色書櫃，是黃源在1935年買的，抗戰爆發後，黃源離開上海到皖南新四軍之際，將這兩個裝滿書刊的書櫃存到了巴金、吳朗西的文化生活出版社。抗戰期間，他們的聯繫中斷了，但在非常困難的情況，這兩個書櫃完好地保存著。這中間，就有魯迅的文稿《故事新編》。上海解放後，老友重逢，巴金歸還了這兩個書櫃和兩書櫃的書。現在這兩個書櫃，一個存於南北湖黃源藏書樓，一個存於上海魯迅紀念館黃源專庫。

黃源藏書樓一樓展廳（夢之儀攝）

生前，黃源和書結緣，身後，他還是和書保持了息息相關的聯繫，並且他的骨灰就安葬在藏書樓園內，墓碑上書：「魯迅學生清廉學子黃源」。

　　黃源含笑在南北湖。

2009年12月27日初稿，時窗外大雪紛飛

2009年12月30日修改，一個安靜的清晨

天涯歸客陳學昭

——陳學昭故居

意外發現

從我知道有陳學昭這個人到尋訪她的故居，只在兩天的時間裏。真是孤陋寡聞，我以前竟沒聽説過她。2005年5月3日的這天中午，為了想參觀米穀畫廊，我和兒子——信爾在隔壁的海寧圖書館等開門，在三樓的閱覽室，我胡亂地看著書，卻意外地看到很多陳學昭的散文集和小説，還有陳亞男寫母親陳學昭的影記，我隨便翻了翻，腦子裏只是一個模糊的印象，但我知道了她的老家在鹽官，而我們此行，其中的一個站點就是鹽官。

在綿長的夜色下的海塘上聽過潮，次日又參觀了王國維故居，還看過陳閣老宅鄭曉滄故居之後，我們在鹽官的風情街上閒逛。偶爾踏進一個畫室，都是些景物的寫生畫，在那張畫家自己畫的鹽官地圖上，我的注意力被吸引住了，我看到了陳學昭故居的方位所在，其位置在鹽官鎮的北門外的東面。然後我們被畫家引到另一幅畫前，那就是畫家筆下的陳學昭故居速寫。

這是一幅鋼筆寫生畫，從畫中可見故居很簡陋，唯見四面的圍牆，門前草木卻很茂盛。畫家解釋，這是他幾年前的作品，後來沒

有再去過，應該再畫一幅，因為他的畫風已變。說著他讓我比較前後畫風的不同，但我喜歡他早年的畫風，我看到，故居畫得雖簡陋，筆墨上不比後來畫得細膩，神韻卻留下來了，這是最重要的。因為畫家不能同意我們拍照，我便讓信爾依葫蘆畫瓢把故居畫下來。從這次尋訪起，12歲的信爾做了我的小助手，拿包、拍照、錄音等，凡我不想做的都讓他來做，為了這個小助手的「頭銜」，他居然也心甘情願。

然後我們就去尋找了。我原以為有北門這個標誌找起來總該容易的，但是北門早沒有了，而且事實上故居在舊北門外幾裡路遠的地方。好在三輪車夫非常熱心，在舊北門的那個地方滯留，然後一路行一路找人打聽，一直過了平安橋，再往東過了一陣，最後總算找到了那個名叫陳家埭的地方。

迎接我們的是此起彼伏的狗叫聲，那聲音震天地響，嘹亮在鄉野的上空。放眼望去，一點

殘存的故居南牆門（信爾攝）

故居外草木青青（信爾攝）

沒錯，就像畫上的那樣，灰白的故居掩藏在陌野的綠意中。我們從院牆前門走過，沿著西面的山牆走。剛下過雨，泥地非常濕潤，草葉上還滾動著水珠，分外地綠。偶爾從塌了一半的圍牆望去，裏面雜亂地堆放一些稻草，空著的地面上青草郁郁。北面台門也在，但也僅這些了，故居簡陋得只剩下四面的牆圈了。和簡陋的故居形成鮮明對比的是，房屋南北兩面的田地裏，葡萄幼樹成排成排地生長著，葉兒綠得有些刺眼。我重又把目光投向老宅，沒有見過比這更破舊不堪的故居，搖搖欲墜。滄桑故居，我心裏湧動的只有這麼一個詞。

老屋建於清代，原有三進，廳堂內有清代嘉道年間著名金石家吳式芬所題「詒谷堂」匾額，在陳閣老宅的一個展廳，我剛剛看過題有這個匾額的老照片和故居舊貌。1906年陳學昭出生在這裏，並度過她的童年和少年。她讀過私塾後，九歲到當時的海寧縣城鹽官鎮上高小，每天從北門經過。五四運動爆發後，她們女同學組織起來，上街宣傳抵制日貨，各界紛紛響應，商店接著罷市。反動政府為了威脅起來抗議的老百姓，鎮壓學生運動，有一天把一個犯人殺了，掛在城門上示眾，陳學昭還是每天從北門經過兩次，並不害怕，表現了她過人的膽識。

性格與心靈

走過陳學昭故居，看過她的傳記，給我印象最深的便是鹽官的北門了。我總是不懂，一個十一、二歲的小女孩，怎麼會有如此的膽量面對城門上一顆懸著的頭顱？

陳學昭的祖父是清朝硤石鎮一家絲行有技術的識絲職員，喜歡昆曲、繪畫、藏書，父親具有民主思想，反對清朝封建統治，反對女子纏足穿耳，主張女子讀書，民國後曾任縣立第一小學校長，他

的書法不錯，常靠給人寫對聯來補貼生活，有五個子女，陳學昭是家裏最年幼的一個。

陳學昭6歲那年父親去世，兄長遵遺囑供她讀書，但對她的管教非常嚴厲。童年，兄長們對她看書有很多戒律，只准看《資治通鑒》、《昭明文選》等，不許看《紅樓夢》、《水滸》、《西廂記》等，但她在母親的幫助下都偷偷地看了。她幼小的心靈已經懂得暗暗地反抗了。兄長們成家後，在嫂嫂的挑唆下，對她從嚴變得兇了。三哥特別厲害，有一次，看見她吃飯時旁邊放著一本書，就拿起碗朝她頭上砸去，有時罰她砲一炷香、兩炷香，有時餓她。陳學昭不討饒，寧願砲，她倔強的性格漸漸養成了。17歲時，有一次陳學昭在氣憤之下，拿起手邊的算盤回擲，從此兄長們才不再打罵她。

除了母親，家庭並沒有給她太多的溫暖，陳學昭自小是弱小的、孤單的，她的心靈渴望知識、渴望獨立、渴望自由、渴望塵世的關愛。高小畢業後，她先後輾轉南通女師、上海愛國女學求學，又到戴東原的家鄉安徽省立第四女子師範及紹興縣立女子師範、北京適存中學、黎明中學教書。為求知，為獨立生活，終於，她依靠散文集《煙霞伴侶》和《寸草心》的版稅及朋友的幫助，於1927年赴法留學。

事業與生活

陳學昭原名陳淑英，1923年冬天，應上海《時報》徵文，以「陳學昭」的筆名寫了處女作〈我所希望的新女性〉，文章發表並獲了二等獎。她是因為喜歡《昭明文選》才改了這個名的，自此認識了《時報》主筆戈公振先生，也開始了她漫長的文學生涯。1924年，在好友張琴秋、沈澤民伉儷的寓所，她寫了第一本散文集《倦旅》。

陳學昭開始在《婦女雜誌》、《語絲》、《京報》副刊等刊物上發表散文和詩，因為投稿，她又認識了周建人、章錫琛、茅盾、瞿秋白、魯迅等，文壇前輩給了她長者的關懷和扶持，瞿秋白還贈給她《李太白集》。她是幸運的，和這麼多文化名人交往，並得以不斷地學習和提高。

陳學昭在巴黎

我在《新月》月刊的創刊號上看到新月書店為散文集《寸草心》所作的廣告：「我們讀過《倦旅》讀過《煙霞伴侶》的人，沒有不知道陳學昭女士思想之清淡與文學之委婉的。春苔先生為她畫像，並題《煙霞伴侶》，用『清心長有盡，幽事更無涯』之句。」春苔是作家孫福熙的字，《寸草心》由孫福熙畫的封面。「清心長有盡，幽事更無涯」實在是好句。

到法國後，因經濟困難，戈公振介紹她任天津《大公報》駐歐特派記者。為了能通過國民黨反動派的檢查，她用「野渠」或「式微」署名，提筆寫文章也常

用男子的筆調和口氣，慢慢地習慣了這種筆調，一拿起筆就忘了自己是個女人。這樣一個特殊的環境，造就了她與眾不同的個性。

旅法的日子裏，她也為《生活》週刊撰稿，同時埋頭讀書，大量閱讀名家劇本和詩歌，但丁、莫里哀、歌德等人的作品都為她所喜愛，拉馬丁的《湖上吟》更使她沉迷其中，寄予無盡的遐想。

美妙的文章總會引發人們漫天的遐思，陳學昭的散文淡雅清麗，不事雕飾，她寫她的母親，感情真摯而澎湃，她在出國一年後短暫回國的那段時間裏，寫了散文集《憶巴黎》，「像那迷漫在天空中的淡白的薄雲似的溫情呵，好似那隨著我來了的蕭然的風吹遍了這寥寂而又煩擾的人間！溫情啊，跟著我一起來了！伊悄然叩著一般無情與有情人的心之門，在闃寂之中，我聽出了伊們的應聲，那如歌如泣如怨如訴的輕微的應聲。」讀來不覺悄然心動。

和婉麗的散文筆調不同的是，她的生活很不美。因為錯把憐憫當愛情，她嫁了一個並不愛的人。這正是一個女人一生最大的悲哀。女人當她還是女孩的時候，常常因為單純因為幼稚因為簡單而走了不該走的路。自幼不曾得到過很多溫暖的她，年輕的心又一次蒙塵了。

陳學昭晚年寫的第一部回憶錄《天涯歸客》，我從朋友威劍兄處借了來看，零零碎碎、斷斷續續讀過幾遍，每每讀到這裏，總是停頓下來，心裏很希望這段歷史並沒有存在過，很希望她能在她的兩個好友季志仁和蔡柏齡之間選擇一個，很希望法國的浪漫帶給她一點心的溫暖和幸福。但是，我很失望，我沒有看到那個理想的結果。

季志仁是她在上海愛國女學的同學季湘月的哥哥，相識得早，又都單純，陳學昭把他當作了比自己的親哥哥還要親的哥哥，因為太親近了，也就隨便，因為親近而隨便，這份感情總是隱隱約約的，隱隱約約中有些期待有些守望有些甜蜜，最後卻很遺憾地擦肩而過。

　　蔡柏齡是季志仁的好友，蔡元培的兒子，他們相識於法國。三個人常在一起，有一段時間，蔡柏齡給陳學昭補法文，陳學昭給蔡柏齡補中文，在彼此互相學習交流中，有了更多的瞭解。有一年過年在季志仁的租房內過，他們三個人合買了一隻雞，買了幾尾魚，一些牛肉，還有花菜。魚是季志仁煎的，花菜湯和飯是蔡柏齡做的。在蔡柏齡做飯的時候，陳學昭彈起了《長夏發玫瑰》的鋼琴曲。這晚，三個不喝酒的人全都喝了一點葡萄酒。他們像是回到了祖國，吃年夜飯：大米飯、清燉雞、紅燒牛肉、花菜湯，再煎法國的闊鯽魚。吃過年夜飯，三個人圍著桌子談小說、講故事、說自己的祖國。末了，季志仁把自己的床鋪讓給陳學昭睡，他和蔡柏齡就睡在放鋼琴的小間地板上。這是陳學昭在國外過得最愉快的年。三個人友好地相處著，並且為了事業和學業各自忙碌著。忙碌的生活中，陳學昭忽視了自己的感情，這讓後來的她追悔不已。

陳學昭手跡

因為受文壇長者和革命前輩的影響，抗戰爆發後，陳學昭兩次來到延安，投身革命，受到周恩來、李富春等首長的關懷。她在延安各處採訪，參加了延安文藝座談會，寫了報告文學《延安訪問記》，也因為周恩來的一再鼓勵，她完成了長篇小說《工作著是美麗的》。這部小說表現了我國知識份子走向革命的艱難歷程，此書出版時由茅盾題寫書名。一九五三年，中華人民共和國婦女代表團赴蘇聯參觀，代表團帶著《工作著是美麗的》一書，作為禮品贈送給蘇聯婦女界。

陳學昭後半生的坎坷經歷：反右期間被錯劃成右派，文革期間被當作叛徒特務慘遭迫害，記錄在她的另一冊回憶錄《浮沉雜憶》裏，此書後來有了英文版。

告別故居

在我們看過陳學昭的故居準備回去時，除了狗叫聲依然震天地響個不停，我們的身邊已圍滿了很多人，男男女女。他們好奇地問：你是她什麼人？

我是她什麼人呢？這個問題好難回答。當我走在豐子愷故居、徐志摩故居、王國維故居，一旦我想作些深入的瞭解時，就聽到有

2005 5 4

故居北牆門（信甬攝）

人問我，你崇拜他吧？我想我是喜歡，但夠不上崇拜。要説崇拜吧，我只崇拜蘇東坡，所以這個時候我總是搖頭。但他們還是一致肯定地否定我，你一定是崇拜。

這一次，我不知道説什麼好了，我和她什麼關係也沒有，但他們一定不會相信，既然什麼關係也沒有，我何以會無端跑到這裏來呢。我問他們，陳學昭有兒子嗎？因為「亞男」這個名字很像男人的名字，但是他們告訴我，她只有一個女兒，我心裏啞然失笑，是女兒才叫亞男呢。（後來我也知道，陳學昭是有過兒子的，只是過早地夭折了。）接著他們還告訴我，為了保護房屋的木構架，鹽官文保所已將木構架拆除保存了。這個消息多少讓人欣慰——總比什麼也沒有好一些吧，又也許有那麼一天，滄桑故居會迎來它新的歷史。

真的要走了。我們上了三輪車，他們還不忘大聲關照我，等故居恢復之後，你再來這裏看看吧。我説，一定的，我一定還會再來。

已經沒有來時的急切了。路兩旁的綠樹一點點向身後退去，平安橋也隱在樹叢中了，北門就在眼前了。我有些恍恍然，何時我還會再來？

2007年10月

陳學昭畫像，羅雪村繪

鐘聲送盡流光

——錢君匋舊宅

一

我們到達桐鄉縣屠甸鎮時，不曾聽到寂昭寺的鐘聲。

寂昭寺在屠甸鎮的東向，寺前有幾棵高大的銀杏樹，寺西曲折的小巷、豐草沒徑的小路盡頭有一幢古宅，那便是錢君匋舊宅。門前的不遠處，石涇塘水潺潺地流著，非常安靜，想來，1907年2月錢君匋剛出生時也該是這模樣吧。

屠甸，古地名稱「石涇」。傳說唐宋年間，該地村民見有人形的浮石從這河中漂來，這個地方便有了「石人涇」的稱呼，後來又簡稱「石涇」。

不一樣的是寂昭寺。幼時的錢君匋，在每天早晨和傍晚，必定會聽到從寂昭寺傳來的悠揚的鐘聲。那鐘聲飄揚在湛藍的天空，迴響在古宅的上方，蕩漾在小河的水面，鐘聲印在了幼年錢君匋的記憶裏。

與鐘聲一起銘記在錢君匋記憶裏的還是寂昭寺。那年錢君匋上小學，教室就設在寂昭寺的方丈室，在那裏，他遇到了給他書法啟蒙的錢作民老師，而前後兩排教室之間的青磚矮牆，便成了錢君匋

最早練字的地方。寂寞的青磚一定不曾想到，一不小心，它訓練了一位日後的書家，不單是書家，他還是一位全才：篆刻家、畫家、裝幀藝術家、文物收藏家、詩人、音樂家、出版家等。

這是非常讓人驚訝的，藝兼眾美，豈是常人所能望其項背？我輩凡夫俗子，就算投入一種藝術，也未必有多少收穫，而錢君匋，一個人就有那麼多的成就，真是一個迷。

二

讀錢君匋的書畫印作品，我常常能感受到他傾注在作品中濃烈的情感。情感，是我們每個人共有的財富，而每個人對情感又都有不同的表達方式，作為藝術家的錢君匋，他選擇他的作品為他抒懷。

某一個午夜時分我醒來，依稀能感覺到月光。極少在這樣的時候清醒，一時且睡意全無，也許是要讓我做點事吧。我便起，看錢君匋的畫，看到的是他的〈美人蕉〉。一如他的很多寫意作品，蕉葉潑墨而出，濃淡有致，枯濕置宜，墨彩豐富，最搶眼的是朱紅的花，月色下彷彿輕歌漫舞的少女，豔麗之極。是月色醉人嗎？再看畫上的字：江南十月似三春，醉酒紅蕉笑向人，舞罷風前猶玉立，我來拈筆寫其真。紅蕉笑得可愛，亭亭玉立的紅蕉美麗動人，這是

大自然的美，更是人間之美。唯有熱愛生活的人，才有對大自然的真切投入，也才有大自然的真情回報，這便是天人合一的境界。錢君匋的〈紫葡萄〉、〈牽牛花〉〈芭蕉紅梅圖〉等國畫，無不以寫意的手法墨色淋漓地再現了物象多姿多彩的面目，抒發了他對大自然的美好情感，引人共鳴。

1954年冬，祖籍浙江海寧的錢君匋客居京都，刻了〈夜潮秋月相思〉一印，此印七釐米見方，邊款刻的又是長跋，共有五面，如漢碑的隸書有這樣的句子：故里海寧觀潮甲天下……今久客都中，每當月夕，不無夜潮秋月相思。

初次看到「夜潮秋月相思」的巨印，真是燦爛奪目，朱底之上是粗壯的白文線條，一見之下，有一種湧起的衝擊感直逼心胸，一如月下起伏的潮水拍打著海塘。我也曾在八月十八看過壯觀的一線潮，那排山倒海之勢果真天下無，我也曾於夜色下的海塘上聽過潮，未曾想到夜潮引人相思。是啊，一個客居京城的異鄉人，如何地不思念故鄉？濃烈的相思奔放在心頭，借助刀的力量而賦予其藝術的生命，感染了自己也感染了別人，而此時的我，也不免因此印引起對夜潮的懷念了。

詩，自然更能直截了當地表達作者的情感了，錢君匋有〈懷故園〉一詩：春去總難留，落紅點點愁，故園雙柳樹，料應綠遮樓。暮春時分，點點落紅引來點點愁，想起故園，該是柳絮紛飛柳葉飄舞吧，此情此景，故園豈止在心裏？身在此地，猶如置身故園裏。又是相思。

三

錢君匋一生的藝術，最早是與書法結緣。寂昭寺的青磚不會忘記，每到寒暑假，錢君匋總會找來棕帚，蘸著清水在青磚上寫大

錢君匋書對聯

字。沒有人督促他，全憑他自己的興趣，從興趣開始，繼而需要的是持之以恆的毅力，錢君匋做到了。他從柳公權的《玄秘塔》開始，天天臨池。進入上海藝術師範學校後，又臨起《龍門二十品》中的《始平公》，學寫北碑。在河南洛陽南伊水旁的龍門山上，有北魏以來的大量石窟佛像，其中北魏造像約二千件，有些造像刻有題記，清人選了二十種，拓後大顯於世，人稱《龍門二十品》。凝重、雄健、峻拔的北魏書體，不僅影響了錢君匋的書風，也蘊蓄了他在篆刻上的修養。

錢君匋的篆書從《石鼓文》入手，得力於清末的趙之謙，清麗典雅，風格樸茂。「揚州八怪」之一金農的隸書又使他的書法藝術邁出了一大步，錢君匋的隸書，古樸典雅，又靈動飛揚，漢簡味極濃，讀來賞心悅目。他在晚年喜書大草，揮灑之間，縱橫自如，深得懷素神韻。他曾在莫干山上書江南第一大字「翠」，引無數人驚歎。

　　方寸小天地，卻是一個大舞臺。錢君匋的刻印受家鄉屠甸鎮上的兩位書畫家孫增祿、徐菊庵影響，在上海藝術師範學校，有幸得到弘一法師的三大弟子豐子愷、劉質平、吳夢非傳授繪畫、音樂和圖案。治石由學習吳昌碩印入手，且得其點撥，又改學趙之謙，繼而上溯至先秦兩漢，直至明清諸家，最偏愛晚清趙之謙、黃士陵、吳昌碩印，受此三家影響最深，印面或秀氣或老辣或古樸，用刀則爽利勁拔，邊款真草隸篆四體俱入，面目紛呈，多姿多彩。如他刻的《叢翠堂》朱文印，取趙之謙的風格，密處不容針疏處可走馬，具有強烈的節奏感。他為畫家朱梅村刻的《朱梅村》一印，印面是一紅梅花，邊上僅一「村」字，匠心獨具的構思讓人嘆服。我在夏日的午後，讀到這枚印章，彷彿看到傲雪的紅梅，頗覺涼風習習，實是筆有盡而意無窮。

　　取法趙、黃、吳三家之外，錢君匋自成風格的代表作，有為畫家朱屺瞻和王季眉刻的《學到老》印，以切刀為之，粗獷厚重，虛實映襯，筆意刀味俱濃。邊跋是：朱屺瞻、王季眉畫的「梅蘭竹菊」圖，君匋奏刀。一印而見書畫韻味和金石刀味的和諧統一，誠不易也。

　　錢君匋最為人稱道的是他的詩書畫印之熔於一爐。他巨印的長跋，常常是精美的散文。他的畫上每每總是自己的詩，晚年為配合他的寫意畫，又鐫刻了相應的印章，如《秋深菊數叢》等，以豪放的風格出之，作品中躍動著他藝術家的心聲。他的挾著金石氣入畫，令畫作氣象萬千。

　　但是，為最初的錢君匋成名的，並不是他的詩書畫印，而是為他帶來「錢封面」雅稱的裝幀。開明書店時期，錢君匋曾為魯迅、茅盾、巴金、郁達夫等文學大師設計過書衣。之前也創作歌曲，還出版了詩集《水晶座》。

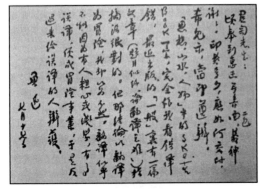

魯迅致錢君匋書信手跡

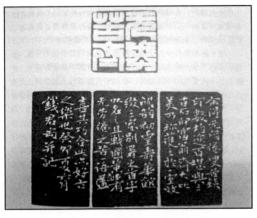

「無倦苦齋」印及邊款

　　31歲起，錢君匋轉學舊體詩，他的詩詞《冰壺韻墨》出版於1980年，至晚年，他結集出版的印作則更多，有《君匋印存》、《錢君匋篆刻選》、《長征印譜》、《魯迅印譜》（兩套），《錢君匋刻長跋巨印選》等十多冊，理論方面的著作多部，還多次在海內外舉行書畫藝術展。對於錢君匋來說，藝術之花開得持久而熱烈。

四

　　錢君匋長期鑽研無悶趙之謙、倦叟黃士陵、苦鐵吳昌碩，取晚清三大師別署首字刻得齋名巨印〈無倦苦齋〉，印側的行書長跋記

載了齋名的由來：餘得無悶、倦叟、苦鐵印均逾百，堪與「三百石印富翁」齊大比美，乃珍護之於一室，效沈韻初〈靈壽華館〉，綴三家別署之首字以名之，且《戰國策》有「無勞倦之苦」一語，益喜其巧合，此亦好古之樂也！

齋名取得詩意，又耐人尋味，既點明其篆刻師承的淵源和對三大家的景仰，更表明了他對藝術追求「無勞倦之苦」的精神。他是這麼說，更是這麼做的。從他幼年時不間歇地練字起，到後來在裝幀、篆刻、收藏和繪畫上注入大量精力，無不沉迷進去投入其中，他以一生的時間致力於學問，甚至在他逝世前幾天，還拿出印來修改。因為對藝術的執著和完美的追求，兩方面的共同努力成就了錢君匋非凡的藝術人生。

錢君匋的「無倦苦齋」，書法家潘伯鷹見後大贊，稱為「天下第一書齋名」。可是在十年「文革」中，就是這個室名，被無端地誣陷為「無權可抓」，給錢君匋引來重重災難。

五

1985年春，錢君匋將畢生所藏的明代、清代、現代的書畫、印章及自作的書畫、印章、書籍裝幀等捐獻給家鄉桐鄉市，其中包括

梧桐鎮上的君匋藝術院（夢之儀攝）

文徵明、徐文長、石濤、陳老蓮、華喦（新羅山人）、吳昌碩以及齊白石、黃賓虹、朱屺瞻等人的書畫，還有漢朝的瓦當、瓦罐、陶器等稀世珍品，總計4000餘件，桐鄉市為此在梧桐鎮慶豐南路59號建造了君匋藝術院。鳳棲梧桐。桐鄉在出了茅盾和豐子愷兩大名家之後，遂由錢君匋完成鼎足之勢。

君匋藝術院整個建築由兩個展覽大廳、講堂、研究室、資料室、珍品庫以及配套的客房、餐廳組成。底層展廳用大展板的形式將六開間的展覽大廳分隔成二間，陳列巨幅書畫。二層展廳設有展櫥及展櫃，用於陳列錢君匋先生的書畫印章及錢君匋藝術生涯陳列室。

記得是十年之前，我走進君匋藝術院，看到了琳琅滿目的藝術品，對於書畫印，第一次，我有了一個初步的印象。一個不懂書畫的人，卻被這份藝術的氣息感染著，我自己也意外著。從此，我知道了錢君匋這個名字。

藝術院的佈局有較強的現代氣息，又有江南水鄉的風格，展廳、餐廳、客房採用曲廊連接，庭園中佈置了大草坪、水池、小曲橋、院名碑以及錢君匋銅像。我幾次到過那裏，總是被水池吸引，我看到，水池裏浮映著片片荷葉，這不由讓人想起錢君匋刻的幾枚《田田》的印章。朱印墨拓與翠綠的葉兒，一起在我心裏飄蕩。

君匋藝術院開院以來先後舉辦了「君匋藝術院藏品展」，「張大千、于右任書畫展」，「沈子丞書畫展」等各種展覽二百餘次。

1997年錢君匋又將近十年所收藏明清字畫、現代字畫及古代陶瓷、銅鏡和自作字畫、印章等共1000件，毫無保留地捐獻給祖籍海寧市，海寧市為此在西山山麓建有錢君匋藝術研究館，喬石題寫了館名。

如今這兩處地方成了書畫家們研究交流書畫藝術的重要場所，錢君匋，他把一生所收藏的珍貴的文物留給了他熱愛的家鄉。

六

想不起曾經在何處看到過一楨照片,照片上錢君匋和藝術理論家柯文輝就站在寫有「錢君匋舊宅」的門前。這幢坐落在屠甸醬園浜的房屋,是錢君匋在開明書店時有了積攢後,以他父親的名義買下的。

不久前我和小兒信爾也去尋訪,在一個雙休日能夠找到此處並進得這個舊宅真是不容易。當找到這個門時,我們很興奮,原來的正門已被水泥砌了,現在的門開在西側,上面掛著屠甸文化站的牌子,但是門關著,我們進不了。

多處打聽了好長一陣子,也到過了寂昭寺,但都不曾有結果。在一個小攤前,我意外地得知一個民工模樣的中年人認識文化站站長,我連忙在攤前花10元錢買了一包「五一」牌香煙作為酬勞。中年人便帶我們去尋找,找了站長開的影院,又到過他的家,都不見,然後嚮導說,得去很遠的加油站,一定在那裏了。天很熱,找得又累,信爾死活不肯再走,我也想放棄了,但是不肯放棄的是我們的嚮導,他借來自行車,讓我們在原地等著,自己找去了。當他回來的時候,舊宅的門已經開了。那個時候的心裏實在充滿了喜悅。

古宅分東西北三面連體坐落,北面正廳名「思源堂」,三字出自于右任的手筆,有古拙之美。「思源堂」這一橫額來得偶然,還是1931年的秋天,錢君匋把為于右任刻的兩方印送去,正碰上于右任在寫字,便也為錢君匋寫了兩幅,一幅是對聯,用了錢君匋自己的上款,另一幅就是「思源堂」,用了錢君匋父親的上款。

「思源堂」匾額下是大幅的山水畫和對聯,兩邊的柱子上則是一對篆書的抱柱聯。屋子是舊了,堆了很多雜物。西廂房如今是文化站的辦公室,東面屋子則被闢為圖書室和閱覽室。

屠甸錢君匋故居大廳，于右任題字的思源堂，現為鎮文化站活動室（信甫攝）

「鐘聲送盡流光」印

抗戰興起，錢君匋一度回到故鄉屠甸，他在這幢老屋裏，曾經花一周的時間構思、又用十天的勞力完成了六種「航空救國郵票」的考案，然後在一個晴朗的日子裏，和母親、妻子、弟弟等六個人一起，雇了一隻小船，到鄰近的硤石鎮上為這套郵票攝影。三架敵機隆隆地從小船上空飛過，把炸彈投在了硤石。另一天傍晚，錢君匋正在臥室中凝神雕著一方石章，硤石又遭到了十多個炸彈的侵犯，一陣巨響和震盪，手裏的那枚石章，掉落到了地上。

1987年秋，八十多歲的錢老先生再一次回到故鄉，就是在這裏的西廂屋接待了很多社會名流，次日，君匋藝術院落成典禮。

我不知道，那幾次，重回故里的老藝術家是否又聽到了寂昭寺的鐘聲？他在心裏懷念鐘聲嗎？

他一定記得幼時晨夕必聞從寂昭寺傳來的鐘聲；後來任浙江藝術專門學校教授時，客杭之吳

山，山寺的鐘聲時遠時近；在上海兼任澄衷中學教職時，講舍之側有層樓巨鐘，報時之音，晨昏不息；抗戰後回到上海，創立萬葉書店，寓海寧路，猶聞海關鐘聲。想到從幼年到少年而至壯年，時光飛逝如白駒，不由得感歎，是鐘聲送盡了流光！於是他把石捉刀，刻下《鐘聲送盡流光》細朱文印，那年他48歲。

有一陣子，我常常在想，如果九十高壽的老先生再次奏刀重刻此印，他會怎麼寫這個印跋呢？鐘聲它送盡了流光，對於很多人來說，流光只是一瞬間，而對於錢君匋，流光並沒有空自消失，他為世人留下了豐厚的財富，那段流光也因此分外的耀眼！

2008年1月

才子佳人　柴米夫妻

——朱生豪、宋清如故居

每到春光爛漫的季節，我的生日也就到了。

2005年生日的那天上午，我有些無所事事，很想在生日裏留下一點有意義的記憶，便想到去看雕塑家陸樂在嘉興大劇院的雕塑新作《詩侶莎魂：朱生豪與宋清如》，這樣想著，吃過中飯便出發了。

去看雕塑之前，我又一次去了朱生豪、宋清如在嘉興南門的故居。不知道去過多少次了，我看到的老屋愈加地破舊了，每扇門都敞開著，樓上的房間，大半已經沒有窗戶，地上滿是雜物垃圾。老屋像一個飽經風霜的老人，在風中雨中承受著歲月的風塵。人生忽忽，歲月在不經意間已然老去，承載了歲月風塵的老屋已不堪風雨之重，讓人徒生蒼涼之色。只有門口「朱生豪故居」幾個字是明亮的。我在故居的院子裏摘了一片無花果樹的

朱生豪故居舊貌（夢之儀攝）

葉，夾在筆記本裏。我是帶著翠綠的葉兒，手中捧著一本要還圖書館的書離開故居的。

宋清如先生是1997年故世的，她在故世前的十年，一直生活在這裏，很遺憾在她生前我未曾來過這裏。後來在秀州書局，和笑我范君說起這事，他說，無緣唄。一句話，說得我無限落寞。范君又說，他在宋先生生前的這最後十年，差不多半個月便來一次，他的筆記本上密密麻麻地記錄著這些歲月的印痕。那麼，說說這些故事吧，我說。

1912年朱生豪出生在嘉興南門東米棚下17號的這棟老屋內。東米棚下前是一條通往南湖的小河名通濟河，與之隔河相望的是西米棚下。東西米棚下在抗戰前是熱鬧的商貿市街，約有商店四十多家，其中米行有六家，是市區主要的米市之一；那些房屋沿河而築，形成廊棚，東西米棚下的名字由此而來。我在朋友黃輝兄贈送的《嘉興老照片》上看到過東西米棚下的風情。在東米棚下的南面轉角處是一個不大的水碼頭，南來北往的商賈，自產自銷的農民，都要駕船就近上岸，沿街買賣。碼頭之東，邊上一個招牌上有「南城碾米廠」幾個字，前面停著許多手搖的木船，構成江南水鄉集市特有的景觀。

歷史上的東米棚下

　　朱生豪在那裏度過了他的幸福童年，當年他在給宋清如的信中，曾描繪過那裏的景象：

> 我家在店門前的街道很不漂亮，那全然是鄉下人的市集，補救這缺點的幸虧門前臨著一條小河，通向南湖和運河，常常可以望那些鄉下人上城下鄉的船隻，當採桑時我們每喜成天在河邊數著一天有多少只桑葉船搖過。也有漁船，是往南湖捉魚蝦蟹類去的，一隻隻黑羽的捉魚的水老鴉齊整整地分列在兩旁，有時有成群的鴨子放過。也有往南湖去的遊船，船上賣弄風騷的船娘。進香時節，則很大的香船有時也停在我們的河埠前。也有當當敲著小鑼的寄信載客的腳划船，每天早晨，便有人在街上喊著「王店開船」。也有載著貨色的大舢板船，載著大批的油、席子、炭等等東西。一到朔望燒香或迎神賽會的節期，則門前擁擠不堪，店堂內擠滿了人。鄉下老婆婆和娘娘們都頭上插著花打扮著出來……

　　如此繁忙與熱鬧的水鄉景象啊，讀來簡直有些眼花繚亂，接著他說起了自己的家：

> 但我的家裏終年很靜，因為門前一爿店，後門住著人家，居在中心，把門關起來，可以聽不到一點點市廛的聲音。我家全部面積，房屋和庭院各占一半，因此空氣非常好，有一個爽朗的庭心，和兩個較大的園，幾個小天井，前後門都有小河通向南湖，就是走到南湖邊上也只有一箭之遙。想起來，曾經有過怎樣的記憶呵。前院中的大柿樹每年產額最高記錄曾在一千隻以上，因為太高采不著給多鳥雀吃了的也不知多少，看著紅起來時，便忙著采烘，可是我五六年不曾吃到自

己園中的柿子了。有幾株柑樹，所產的柑子雖酸卻鮮美，枇杷就是太酸不能吃。桂花樹下，石榴樹下，我們都曾替死了的蟋蟀蜻蜓叫哥哥們做著墳。

這樣一個趣味盎然的庭園，很容易讓人想起魯迅的百草園，真正是一個童年的樂園。

但是，衣香人影總是太匆匆，朱生豪童年的幸福時光並不長，父母雙亡後他就寄宿到姑媽家，那裏雜亂無趣。高小畢業後他升入秀州中學，這時他對文學的興趣已經很濃了，星期六回到家，他和兩個弟弟一起編起了《家庭小報》，他讓弟弟們把自己喜歡的寫出來，由他自任主編，他又是改稿，又是抄稿，又是設計封面搞插圖寫編者的話。每逢假期兄弟們相見的時候，也是他們編小報最忙碌的時候。更重要的是，中學階段特別是高中階段，他已接觸到好多中國古典經史著作和詩詞歌賦及近代文學作品，他對文學的愛好已日趨明顯。

中學畢業後朱生豪被保送到之江大學深造，他的詩才和對文學詩詞的評論這時候得到了淋漓盡致的發揮。他曾經說過，「理想的人生，應當充滿著神來之筆，那才酣暢有勁。」之江大學的四年，在朱生豪的一生中，充滿了神來之筆，譬如詩，譬如他的愛情，這

1932年之江大學中國文學會合影，右一為朱生豪

些就如他後來在世界書局譯莎一樣。雖然朱生豪是一個翻譯家，但就本性而言，他首先是一個詩人，尤其當愛神降臨之時。

在之江大學的最後一年，朱生豪認識了蕙心蘭質、一樣有著錦繡詩才的宋清如，「一笑低頭意已傾」，一切就在自然而不經意間發生了。他常常沉默寡言，但他是詩意的：「我總覺得你比一切的美都美，我完全找不出你有任何可反對的地方，我甘心為他發癡。」「只有一個冀念，能夠在可能的最近再看見你，我將永遠留一個深心的微笑給你，那是一切意望之花，長久的佇候著等待著開放的。」「山中的雨是使人詩一樣的寂寞的，都市的雨只是給人抑塞而已，連相思都變成絕望的痛苦了。」

這樣的句子實在太多了，如果說這還不能算是詩，那麼再看他作的詩詞，「為問昔盟鷗侶，湖上小腰楊柳，可與去年同？一片錦江月，明月為誰容？」還有像李白詩一樣極盡誇張的，「春風轉眼便成秋，昨日歡娛此日愁。愁到江山齊變色，惹伊鷗鷺亦低頭。」

愛情總是最能喚發一個人的激情，天才的詩人因為愛情而顯得意氣風發。

這真是一個才子佳人的美妙配對。在中國這個文明古國，向來不缺少這樣的故事，而這個故事的主人公一方是從嘉興走出來的，這多少讓他的家鄉人感到親切和驕傲。朱生豪的才華一貫地得到老師的稱讚，尤其是一代詞宗、當時的「之江詩社」社長夏承燾先生贊其為「不易才」，又說「淵默如處子」，古代有才德而隱居不仕的才稱得上處子，可見對這個學生，老師是如何地刮目相看。

朱生豪在之江時，寫作之餘，曾選輯了《唐宋名家詞四百首》，他的同學彭重熙記憶此事時說：「朱朱（朱生豪曾用過的筆名）對唐宋名家，頗多創新獨到之見，三一年夏師（指夏承燾）授唐宋詞，學期終了，諸生作學習心得，夏師對朱朱所寫的評論，激賞之餘，曾為之忘食，這是夏師親口說的，我記得很真切。」夏承燾的

日記證實有此論：「閱朱生豪唐詩人短論七則，多前人未發之論，爽利無比，聰明才學，在余師友之間，不當以學生視之。」「朱生豪讀詞雜記百則，仍極精到。」等等。可惜朱生豪這冊《唐宋名家詞四百首》毀於文革。

　　和朱生豪同年出生的宋清如出生於江蘇常熟，之江大學時以現代派手法寫詩，受到《現代》雜誌主編施蟄存的高度評價，曾以「一文一詩，真如瓊枝照眼」來讚美她的文采，說她寫小說「不下冰心女士之才能」，施先生又得意地說，「徐志摩若在，我一定給你介紹，他也準會得相信我的發現的」。說到這些，我們讀者總是會心一笑，兩個筆墨燦爛的人走到一起，筆底生花那是很自然的，五十年之後的《朱生豪情書》便是一個見證。

　　之江大學與文學有著很深的因緣，夏承燾、胡山源都曾執教過之江，郁達夫、施蟄存也曾在之江讀過書，而後又迎來了朱生豪和宋清如這一對才子佳人，六和塔的鈴鐸、秦望山的斜陽，一聲聲、一寸寸，彌漫在詩人作家的心頭，讓人久久不能忘情。這就是錢塘江畔、秦望山頭充滿詩意的之江大學，這是之江大學無盡的魅力。

　　朱生豪和宋清如沐浴在詩意的之江，情人橋、茅亭都留下他們的身影，當朱生豪畢業後他還在遙想著茅亭：「我想要在茅亭裏看雨、假山邊看螞蟻，看蝴蝶戀愛，看蜘蛛結網，看水，看船，看雲，看瀑布，看宋清如甜甜地睡覺。」

　　朱生豪也是充滿情趣的，他有一封給宋清如的信，內容是這樣的：「你一定不要害怕未來的命運，有勇氣把眼睛睜得大大的，凝視一切；沒勇氣閉上眼睛，信任著不可知的力量拉你走，幸福也罷，不幸也罷，橫豎結局總是個**The end**。等我們走完了生命的途程，然後透口氣相視而笑。」在這一封信裏，朱生豪滿懷情趣地把「眼睛」兩字用一隻畫著的眼睛來代替，「大大」兩個字果真寫得大大的，「相視而笑」的「笑」則用一張笑臉來取代這個字。我想

當宋清如看到這封信時，一定會開懷大笑，一個沉醉在濃濃愛意中的人，她是有福的。

雖然內心充滿著詩意的情趣的詩人，但他的外表是孤單的，落落寡合的，彭重熙說他「好月夜獨步江上，高歌放嘯，莫測其意興所至。」甚至在朱生豪臨畢業前夕邀請宋清如去靈峰賞梅，雖然他心裏肯定有千言萬語，但朱生豪除了賞梅之外，依然默默無語。

朱生豪大學畢業後，經胡山源介紹，來到上海世界書局英文部任編輯，那時胡山源已經在上海世界書局擔任編輯，胡山源又在他家附近為朱生豪租了一間屋，還讓朱生豪到他家搭夥吃飯，胡山源回憶：「他很少開口，和他在一個辦公室內，幾年來，我沒有聽見他說上十句話。在我家吃飯時，他也默默無言地來，默默無言地吃，然後默默無言地去。」讀這段文學，我很吃驚，似乎一個人的沈默也不至於這個樣子吧，再一想，他是把所

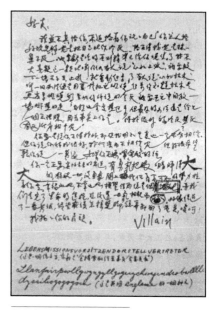

朱生豪致宋清如情書手跡

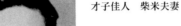
才子佳人　柴米夫妻

有他想說的話都付之於文字了。但這就是朱生豪，他的外表不免是冷淡的，但他的心卻異常火熱。

宋清如第一次和朱生豪走進這個小院是在1943年，其時他倆經歷了兩地十年的苦戀，於上年在上海結婚的，夏承燾先生題送這對新人八個大字「才子佳人、柴米夫妻」。因為日寇侵華的原因，他們隨後去了常熟宋清如的娘家。我在沙家浜革命紀念館參觀時，從歷史照片上看到當時真實的一幕，烽煙下的常熟成了日軍清鄉區。半年之後，他們回到了同樣是日寇侵佔下的嘉興。

這幢祖居老屋是磚木結構的兩層樓房，沿通濟河東岸的東米棚下而築，由前後幾個院子、東西向樓屋、偏屋和南北向小偏屋組成，樓上是五開間。如今，小河已不復存在，取而代之的是寬廣的馬路。

樓上正中的房間，原是二弟朱文振結婚的新房，後來弟弟一家入川，朱生豪夫婦便在此間安頓。房內東西首各有一排小窗，東面的小窗正對小院；南北各開一扇便門，通向兩旁樓梯。東首窗前置栗色櫸木賬桌一張，旁有舊式靠椅一把，朱生豪在這裏開始他的艱難的新生活。

老屋想必沒多大變化，只是這一次，多了一位女主人。女主人的到來，讓老屋煥發青春活力，同樣給我們的男主人公帶來了無限的動力，朱生豪繼續全身心地投入他的翻譯工作中。

朱生豪從1936年開始翻譯莎士比亞的劇本，8月譯成《暴風雨》第一稿。他當時完成的譯作曾兩度在日軍炮火中遺失，但是他憑著堅強的毅力，在極其艱苦的條件下繼續譯莎，他的態度又是嚴謹的，在「最大可能之範圍內，保持原作之神韻」。回到嘉興後，他幾乎足不出戶，沒有必要的時候連樓也懶得下。物質生活又貧苦到了極點，低微的稿費收入根本跟不上飛漲的物價，宋清如常去裁縫店攬些加工的活以補貼家用，但他們的精神生活是很充實的，所以朱生豪又自豪地說：「我很貧窮，但我無所不有」。

故居一角（夢之儀攝）

　　我想起孔子的門生顏回，一簞食，一瓢飲，居陋巷，也不改其樂，所謂安貧樂道。朱生豪所念念不忘的莎氏作品，對於他來說，不就是他的「道」？

　　然而極度的困苦生活和艱苦的翻譯工作，嚴重地摧殘了朱生豪的健康，從牙周炎、胃痛最後到肺病，他終於病倒了，不得不放下他手中的筆。1944年12

月，年僅32歲的他，告別了他年輕的妻子和年幼的兒子，帶著未譯完莎作的遺恨，撒手人寰。臨終前，朱生豪不無遺憾地說：「早知一病不起，拼了命也要把它譯完」。

真是天妒英才！朱生豪在不到十年的時間裏，在貧病交迫中，歷盡心血，譯出莎士比亞三十七個劇本中的三十一個。如果上天再假以一些時日，完成莎氏全部譯作一定不會太長，再如果，朱生豪能夠有一般人常有的壽命，他握管不輟的手一定會翻譯更多更好的世界名作來……有時候我們不得不喟然長歎，歲月的步子走得實在太急促太無情，甚至在別人還沒有回過神來靜靜注視的時候，就已經匆匆地滑過了，華美的樂章就這樣驟然停下了。而他和顏回又何等地相似，都安於貧樂於道，又都英年早逝，這些無不讓人扼腕歎息。

朱生豪曾對宋清如說：「我們的靈魂都想飛，想浪漫的，但我們仍然局促在地上，像綿羊一樣馴服地聽從著命運，你說這不算溫柔嗎？太浪漫的人是無法在這世上立足的，我們尚能不為舉世所共棄，即是因為我們是太溫柔的緣故。」是因為他自己的浪漫才被這個世界遺棄嗎？我莫如相信他是飛了，如果可能。

以後的一些日子裏，宋清如經歷了風雨飄搖的歲月，她一個人輾轉他鄉含辛茹苦地撫養大自己的兒女。在那個特殊的年代，她自己成了勞改對象，兒子被分配到了新疆，女兒去了黑龍江，但她也迎來了光明，1947年朱生豪譯的《莎士比亞戲劇全集》由世界書局出版，1954年作家出版社出版了朱生豪譯的《莎士比亞戲劇集》，1978年，人民文學出版社又出版了朱生豪主譯的《莎士比亞全集》……生活在朱生豪的世界裏，宋清如是不幸的，她又是幸福的。但她更是偉大的，她以女性的平凡，完成了她不平凡的人生之旅，她的偉大隱在她的平凡中。

　　1978年，在外漂泊三十多年後，宋清如再一次回到嘉興的老屋，和兒子一家團圓了。院子裏的無花果樹不知道是什麼時候栽的，年年歲歲綠如舊。

　　晚年的宋清如，住在樓下的北面偏屋，寫下了一系列紀念朱生豪的文章，並和她的老友彭重熙，以不斷交流書信來懷念朱生豪。

　　1987年11月，宋清如把一直保存著的朱生豪譯莎的手稿共計22冊捐獻了出來，由嘉興市圖書館負責保管。1989年12月為紀念朱生豪逝世45周年，上海翻譯家協會一行二十人在會長草嬰的率領下，專程來嘉興看望宋清如，並為故居送來了一個匾額，上書「譯界楷模」，還帶來了慰問品。

　　1992年嘉興市電視臺拍攝了由王福基編劇的電視劇《朱生豪》，北京電影學院許同均執導。劇情以一位名叫蕭曉的女大學生為撰寫朱生豪畢業論文來找宋清如訪問的過程為框架展開的，緩緩的小河、靜靜的庭院，歷史情節和現實畫面交替出現。電視劇播出後反響很大，八十高齡的宋清如也因此獲得了全國第十二屆電視劇「飛天獎」的演出榮譽獎。

　　我那次到老屋時，前前後後地看著，試圖想尋找一點舊跡，可是什麼也沒有。我悄悄地摘下一片無花果樹葉，夾在筆記本裏，我的筆記本上正抄錄了朱生豪的詩：「楚楚身裁可哥名，當年意氣亦縱橫，同遊伴侶呼才子，落筆文華洵不群」。而我的手裏，拿著的那本要去圖書館還的書正是吳潔敏、朱宏達著的《朱生豪傳》。據說陳寅恪先生當年因為得到一顆錢氏私園紅豆山莊的紅豆而寫了八十多萬字的《柳如是別傳》，這就是緣分。所以我想，我們終究也還是有緣的，因為詩，因為傳記，因為書信，因為我的床頭多了朱生豪譯的莎士比亞劇本，還因為這一片無花果葉兒……

給我們留下了朱生豪宋清如才子佳人的永恆記憶的還有陸樂的雕像，宋清如是如此地清麗動人，她微微側著的臉龐溢滿了青春的氣息，美麗而安寧。雕像下面是，是朱生豪給宋清如未曾發出的信：「要是我們兩人一同在雨聲裏做夢，那意境是如何不同，或者一同在雨聲裏失眠，那也是何等有味」。想必如今他們又能一起在雨裏做夢雨裏失眠了。

　　2006年夏，朱生豪故居開始落架大修，2007年國慶日，修繕一新的故居對外開放。整修後的故居基本格局不變，樓上也大體維持原狀，樓下則闢為朱生豪宋清如圖片展，朱生豪曾經用過的生活用品、他的藏書和他譯的很多版本的莎氏作品——陳列著。雕塑「詩侶莎魂」搬至了故居門外左邊，門外右邊照壁上刻了朱生豪《暴風雨》的題記和宋清如的手跡《譯者自序》。

　　朱生豪宋清如又活生生地回來了。

2007年10月

修繕一新的故居（夢之儀攝）

小鎮上的陽波閣

——江蔚雲故居

一

很多時候，我常常對遠方的朋友説，來看看西塘吧，來看看西塘的夜色吧。可惜的是，很少有朋友應和，他們或是説，西塘嘛，我已經看過了，或是説，哦，西塘當然要來的。有時就算到了西塘，在他們驚訝於西塘的長弄深巷小橋民居之後，復又匆匆離去，當我們挽留時，他們常常會無可奈何地聳聳肩，太忙了，得回去，最多會説，以後再來吧。他們獨獨沒把西塘的夜色當一回事。

西塘自然有令人戀戀不捨的情結，每一個來過西塘的人，都會沉迷於粉牆黛瓦小橋流水構築起來的古樸而精緻的世界裏，但如果看過西塘的夜色，才會在離開西塘之後還會深深地懷念西塘：那朦朧的月色，迷離地掃過層層疊疊的屋簷，柔軟了每一個遊人的情懷；紅燈籠暈紅的光，輕輕地蕩漾在河面上，融化了每一位旅人的心思；小橋兒在抒情，樹葉兒在傾聽，你的腳步緩緩的，輕輕的，你會想，不用多久，我還會來西塘，還會來感受西塘的夜色……

作為一個西塘人，我從來不曾厭倦過西塘，像很多西塘的老人一樣，自有一種情結在心中。當好萊塢巨星湯姆·克魯斯矯健的身

影掠過西塘的屋簷小弄傳播到世界各地之時，誰人不感到驚訝呢？只有西塘人呵呵一笑，似乎一切原該如此。

一切原該如此，就這麼簡單，這就是西塘。就是西塘，就是西塘這樣一個小鎮，以她古樸的情懷，培養了一位古鎮自己的藝術家，他就是以詩詞書法見長的江蔚雲先生。

二

江蔚雲先生1914年生於西塘的一個儒商之家，得深厚的家學淵源，工詩詞、善書法、好倚聲，生前為中華詩詞學會會員、中國書法家協會會員等。他原名祿燦，一字印舸，晚署懷雲、晚耘，書齋名陽波閣，著有《陽波閣詩詞》，編寫《嘉善詞編》、《蘋吹詩詞集》，參與注釋歷代《嘉善鄉土風情詩》等，他的書法作品多次入選省市、全國及日本、新加坡等東南亞書展，入編《中國當代墨寶集》，名列《中國近現代書畫家辭典》、《民國書畫家彙傳》等書，被海上「補白」巨擘鄭逸梅譽為「詞人書家」。

江先生早年就學於上海正風文學院，書法師學於王西神，詩詞拜師於陳彥通，復問學於鄉前賢沈禹鍾，一生酷愛書法，搜集臨摹名碑法帖，尤其鍾情秦篆漢隸及南北朝之碑版。青年時每日晨起臨池直至中午，幾十年如一日，業精不懈。

江先生的書法，博採眾長又師心獨創，氣勢和神韻貫注在每一筆之間，形成了自己別具一格的風貌。他真草隸篆四體俱工，50歲後喜作章草和今草。章草參以明代宋克筆意，瀟灑飄逸，又融入古隸之神韻，因而贏得「浙北章草第一手」的美譽。他的草書，縱逸跌宕、參差錯落，不惟古雅且姿態橫生。他的篆書蒼鬱遒勁，直中寓曲，氣息高古，非老手不能到；真書則結構嚴謹，遒麗肅穆，全自北碑中來，風格清麗；隸書功力彌深，渾厚樸茂，蒼茫不可方物，點畫變化莫名，晚年更以草法入隸。

江先生以深厚的書法功底，故成為浙北藝壇三老之一。被稱作浙江藝壇三老的，前有沈紅

創作中

江蔚雲手卷

茶、譚建丞、蔣孝遊，後有江蔚雲、岳石塵、吳藕汀，隨著2005年10月藕老的最後謝世，他們一個個已不復在了，浙北藝壇清冷了不少。

孫正和於當代寫章草者，最嘆服的兩個人，正好都是嘉興人：王蘧常和江蔚雲。孫在唐吟方處看到江先生的書法，以為功力之深當世罕有其匹，便修書欲拜先生為師，無奈江先生無意為人師表，孫為此屢屢悵然。自然每個人於書法欣賞角度不盡相同，我最喜歡的是江先生的隸書，在我看來，他的隸書，於點畫變化、提按起止、字裏行間，盡顯筆墨情趣，外觀的穩健敦厚且大氣磅礴，這一點，又極像他的為人。

差不多十年前，一次偶然的採訪，我結識了江蔚雲先生，想起來，那個披著長髮被人當作小女孩的我是幸運的。

三

我是為了寫胥社而去採訪江先生的。那是1996年的春天，那個時候西塘旅遊還不曾開始，那個時候古鎮非常寧靜，街上來來往往的都是本地人，曾經有幾次，我邀請我遠方的同學來西塘，然後陪他們走在空曠的朝南埭燒香港，我指著那些枕水的民居幽幽的長廊對他們說，你看你看，西塘有多美！十多年過去了，我的幾個同學後來沒再來過西塘，但他們念念不忘西塘如畫的美景。

　　也許是長年工作生活在西塘寄情古鎮的緣故，也許是我的血液裏流淌著對家鄉深厚文化歷史熱愛的緣故，當時的我萌生了一個念頭：挖掘人文西塘的內涵。我列出了一個簡要的提綱，第一個想要寫的便是胥社。

　　西塘古有「胥塘」之稱。西塘地處古吳越交界處，有「吳根越角」的稱號，早在春秋戰國時期，伍子胥留跡於此，胥塘因之得名。民國時期，吳江柳亞子流連於周莊、西塘，與兩地文人交好。柳亞子建南社，西塘友人為效仿南社而建胥社，社長為江蔚雲之父江雪塍。

　　時年中國大地上風起雲湧，就算一個小鎮也無一例外地受到了影響，江雪塍以一個有識之士應有的氣魄，先後在鎮上創辦了昭華女校、《平川》半月刊、胥社、平川金石書畫研究社等。

　　那年春天的一個午後，值平川書畫社每週日活動之時，我來到鎮上薛宅崇稷堂書畫社活動之地，聽江蔚雲先生說他父親的故事，說當年胥社在西園和楊氏義莊棲僻園的兩次雅集。江先生說得興致盎然，我聽得津津有味。事前我當然不曾意料到，我們的這次談話，竟然觸動了江先生多年來埋藏在心底的情愫，後來江先生告訴我，此事距今已有七十多年了，已沒人再提起了，他實在有太多的感慨。

　　想想真是，在這個小鎮上，沒有比江家更有聲望更值得別人敬慕了，正像劇作家顧錫東所說，一門大雅，里人咸敬。當年的江雪塍是西塘古鎮的文化先驅，他畢生潛心研究詩詞、書法和篆刻，給後世留下了《舍北草堂集》、《三兩窠齋詞》等作品，他的書齋「舍北草堂」藏書四千餘冊。他和胞兄江積塍一起創辦的昭華女校，開興辦西塘女校之先聲。他常常以文會友，和南社詩人柳亞子陳巢南余十眉郁佐梅等人的詩詞唱和，促進了胥社的成立。1935年，江雪塍又和一批志趣相投的老前輩和後起之秀發起成立平川

金石書畫研究社。後來平川社兩度停辦，1988年，江蔚雲先生在鎮上重新組建了平川書畫社。可當時的我，並不知道那麼多，我只是驚訝江先生怎會有這麼好的記性，胥社那個時候，他還只是一個十一二歲的頑童呢，他居然還記得給胥社雅集拍照的攝影師名字，更不用說那些過程了。

但我的驚訝很快被心裏的敬佩所替代，在崇稷堂發生的一件事讓我對江先生肅然起敬。當我第二次見到江先生時，他把一張寫滿了字的紙交給我，是更多我想知道的內容，我們在聊的時候，他又想起一些，提起筆在紙上作了補充。這時正好被一個雜工看到，他叫起來，江先生你的字是很值錢的，你怎麼能隨便寫呢？以一個名家的聲望，我當然知道江先生的字是很值錢的，但這個時候我哪裡想到這些啊，經雜工一說，心裏有些惶恐了。但我看見江先生只是平靜地看了雜工一眼，繼續我們的談話繼續補充。

後來我們熟悉了，和江先生的話題也就多了，甚至我也濫竽充數地加入了平川書畫社，他又教我用篆書寫自己的名字，可惜，資質遲鈍的我始終沒學好。江先生生前，我在平川書畫社的那個時期，現在想起來真如夢幻一般。我認識了晚年的江先生，看到他的性格柔中寓剛，沉穩中又不失天真爛漫，既可敬又可愛。也因為江先生的藝術和為人，他影響了古鎮上的一大批文化人。

四

江先生名他的書齋為陽波閣。陽波閣在西塘北柵街24號，一條曲折幽長的小弄，引領著我走了進去。江先生一定不曾想到，在他辭世六年後的一個冬日，2006年新年裏的一個上午，一個小女子冒雨前往，同到陽波閣的，還有他的兩個女兒，其中江莛阿姨是我們早就熟識了的。

這是一幢老式的屋子，走進門就是狹長的飯廳兼廚房，經西面的廊間通往北面的客廳和臥室，江先生的晚年主要在這裏度過，中間則是一個挺大的園子。經飯廳的樓梯上樓，同樣經過西面的廊間，北面也有兩間房間，各擺放著一大一小兩隻桌子，東面的大桌靠著窗，是江先生多年的書畫桌，江先生就是在這張桌子上，書就一幅幅的作品。西面的小書桌，是江先生看書的地方，另有兩隻書架，一隻床。書桌旁很醒目地掛著幾幅字畫，分別是吳鎮八竹碑拓片兩幅、蘇局仙一百零一歲時寫的字一幅和江先生自己草書一幅。和破舊的房屋比起來，這幾幅字畫鮮活得就像新掛上去似的。我用手輕輕地撫摸，人去樓空，幸而此物長留了。

「陽波閣」的匾額也還在，還掛在樓上靠西的那間臥室裏，張伯駒所書，筆意清新，《陽波閣填詞圖》卻已無蹤影了。當年江先生曾請黃賓虹、溥心畬各畫一幅《陽波閣填詞圖》，他的文

故居內一角（夢之儀攝）

字老師、當時移居滬上的沈禹鍾為之寫〈陽波閣填詞圖記〉一文，盛讚後學弟子在詩詞方面的建樹。那天我在江先生的房間，隨手翻開書架上的書一看，上面的幾冊正是厚厚的聲學方面的書。

最近的一年多來，我到過的名人故居也不少，已開闢紀念館的當然很整潔，資料也多，沒有開館的也有比這兒更見滄桑感的，但我沒有看到比這裏更雜亂而蘊藏豐富內涵的。遍地是塵埃，揭開佈滿塵埃的紙，是一個異常豐富的世界，除了書，有很多裝裱的和未曾裝裱的書畫，也有木雕、照片、剪報、名片等等，可謂琳琅滿目。六年了，塵埃企圖把這片天地完整地佔有，我卻看到，藝術的靈魂倔強地透過塵埃發出自己的聲音來。

我對苣苣阿姨説，何不把江先生的遺物藏品作個整理，如果有人同在，我很樂意做這件事。可惜苣苣阿姨沒有回應我的提議。

五

曾經到這裏拜訪陽波閣主人的來客很多。早年的時候，顧錫東常常來到陽波閣，與主人煮酒讀畫，四十年後，當定居杭州的顧錫東回憶起那個情景時，恍如就在昨日。

紀念吳鎮誕辰710周年之際，邵洛羊來到嘉善，金梅陪同邵洛羊來西塘拜訪江先生，陽波閣一席閒談，兩人商定，以邵先生的畫換江先生的字。這個場面雖不曾親眼所見，但我料想是很有趣味和戲劇性的。

有一天，一書鴻翩然而至陽波閣，原來是方介堪80歲作詩自壽，抄送海內詞章家，遍徵詩詞文章為其頌壽，其手札十六開紙上朱砂色行楷寫成，詩曰：清白傳家寶，蔬水怡吾神……讀來頗覺清新。

一日，得到「江南雀王」岳石塵的《竹雀圖》，江先生即寫詩、填詞各一，可見當時江先生的心情是相當愉快的。這一幅《竹雀圖》

也為我在故居親眼所見，雙雙振翅的麻雀掠過竹葉飛起，像在迎接親人的歸來，殊是可愛。

又一日，徐城北來嘉興，范笑我陪同他也來到陽波閣，那一天，江先生拿出他的好多藏品與兩位來客共同欣賞。2006年新年裏的那個雨天，我在陽波閣所見到的是江先生為此事寫的詩〈徐城北范笑我兩君枉顧賦六絕句志喜〉，樓下桌子的玻璃台板下壓著，鉛印的文字，只是沒注明發表在哪兒。

交友在江先生實是一大愛好，他愛古哲，也不薄今人。當年在老師沈禹鍾寓所得遇單曉天，兩人從此一生交好。唐吟方作《刀魚圖》，江先生為之題語：此魚傳聞出自松江，昔吳王江行，食鱠，以殘者棄水面化而為魚。此畫復得朱家溍題句，藏者視為珍品。

與文化名人的交往，使得江先生早年就開始的收藏愈益豐富了，他藏有鄧散木、豐子愷、齊白石、黃賓虹、韓登安等名家的書畫及印章精品，數百方印章均

江蔚雲《魚樂圖》

出自全國著名篆刻家之手，他的字「印舸」意為收藏印章之多擬可用船載。江先生常年沉醉其間，一日三摩挲，珍愛無比。讓人痛心的是，因為文革，他的收藏幾乎化為烏有。

與鎮上文人的交往自然更多了，孔慶宗先生書法也大雅，當年孔先生還在丁柵時，江先生欣賞孔先生的才情，每次孔先生來西塘過夜，常常在江先生家，兩人同榻而眠，抵足長談，樂此不疲。鄔夔元先生在篆刻起步時，江先生總要他堅持傳統，在傳統中創新意，而不要為了出名尋找捷徑，多少年來鄔先生也這麼做了，如今他於方寸之間把元朱文打造得有聲有色，常在各類比賽中獲獎。平川書畫社有三青年稱「三石」，江先生器重恒石梅文磊繪畫方面的靈氣，常常給予表揚鼓勵。古鎮之上，還有很多人，一樣深受江先生的影響，有時候我們在一起，每每提起，至今感念江先生的藝德。

六

鄭逸梅在《藝林散葉續編》中提到，黃賓虹曾繪《江南第一村圖》贈江蔚雲。江先生自己在詩中也提到，此圖久佚，後請老友吳藕汀補成。所謂江南第一村者，為明代西塘人周鼎之故居。周鼎以文學知名，他自署其居處為「桐村書屋」，求文者日集其門，浙西文士多有慕名前來切磋者，推為巨擘。

西塘的文化，一如這個千年古鎮一樣源遠流長，自明清以來，留下詩文著述不少。或許有人會有疑問，一個小小的鎮子，何以如此？

其實西塘自古繁華，手工業之聞名更是久了。據陶宗儀《輟耕錄》記載：元代西塘鎮人，漆工楊茂，擅戧金戧銀法。現北京故宮博物院還保存了他的作品「觀瀑團圓盒」。木板之上，用針刻畫的畫面上，房屋、人物、樹木和花卉，非常精細。張成作為楊茂的同鄉，同樣擅長此法，他製作的手工藝品在明永樂年間被日本人購

得，視為至寶，繼而敬奉給明成祖，他的作品「剔紅紫萼圓盤」，成了日本的國寶。兩個西塘的民間藝人，憑著他們高超的手藝，令普通的漆器成為精緻的藝術品而代代流通流傳了下來，這不能不驚歎於西塘人的聰明能幹了。

記得有幾次，我、采菊還有《嘉興市志》的主編史念老先生，我們三個人坐在嘉興「錢塘茶人」的茶室喝茶，有次說到歷史，史先生說，西塘的漆器出現在日本，日本人又當作至寶奉送給中國的皇帝，這不是很奇特很有趣嗎？西塘的漆器怎麼會出現在日本呢？還有魏塘的銀器（朱碧山銀龍槎北京故宮博物院收藏）怎麼會都能成為國寶的？然後史先生分析說，因為早先，西塘附近的上海青浦澱山湖一帶有個中國對外貿易的大港口青龍港，因得交通之便，才出現這樣的情況，可見西塘自古繁華是有著深厚的歷史背景的。經濟的發展久而久之勢必影響到文化的發展，明《詞綜》採錄有明一代之詞，凡三百餘家，嘉善一地即占三十多人。明清以來，西塘的土地上，土生土長了一批民間文化人，我保存的前輩鎮人蔡韶聲所著《後藏密齋集》複印本，其中詩作之多可謂洋洋大觀。作為理髮師的嚴西風曾經是平川書畫社的負責人，史先生說，這可不了起啊，吳敬梓在《儒林外史》裏就把希望寄託在賣菜的、砍柴的等普通人身上。源遠流長的民間文化，是西塘文化中的一大旋律，書法家江蔚雲先生和他的家族，正是西塘民間文化中的一個典型。

說到江先生的家族，已經提過的是他的父親，其實何止這些呢，江家一門，盡顯技藝。江蔚雲先生的二弟江載曦（1916－1951），中國畫會會員，其畫兼工山水花卉人物翎毛，山水直逼「吳門四家」之文徵明、唐寅。喜作草蟲，出入於宋元明清諸家之間，以畫蝶最神，有「江蝴蝶」的美稱。先後在上海舉行展覽，識者交口譽之。我第一次看到江載曦的草蟲圖，是在西塘醉園王亨先生處，1948年編的《中國美術年鑑》上：葡萄蔓藤之下，三隻蝴蝶翩

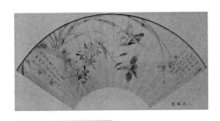

江載曦《香草美人》圖

翩起舞，一大蝶展翅在上，兩小蝶翻飛於下，那透明的花色翅膀，彎彎的觸鬚，清晰可愛，栩栩如生。也許是沒日沒夜地作畫太過勞神費勁，江載曦竟英年早逝，不免讓人扼腕歎息！

江先生三弟江上青，上海復旦大學畢業，是位劇作家，越劇《紅梅閣》曾於人民大會堂上演，受到周總理的表彰，另有作品《唐太宗》、《狀元打更》、《顏大照鏡》等，都以出色的文采得到各界的好評。他的四弟江洛一，畢業於蘇州美術專科學校，四十餘年從事文化博物工作，現為蘇州平江書畫院院長。書畫詩詞俱工，又通書畫理論。專著有《蘇州近現代書畫家傳略》、《吳門畫派》、《樂詠廬詩稿》及與人合著的《蘇州書法史》等。他的三個妹妹江韻蟾、江韻如、江韻薇均擅丹青，江韻如除了擅長國畫還善油畫。今年年初，我得到洛一公自蘇州轉來、茝茝阿姨送的《江氏家族書畫作品選》，觀冊頁之上，墨色精妙，讓人嘆服。

江先生的妻子屠慶華也善丹青，常作梅花以自娛。他的女婿倪嘉樂當年正是受江先生的影響，常年的耳聞目染，也愛上了篆刻這門藝術，一度出任平川書畫社社長。中國傳統的藝術在這樣一個家族發出熠熠光彩，真讓人們刮目相看。

七

陽波之名，取自《莊子》：動而與陽同波。莊子主張安時處順，與世同波，知其不可奈何而安之若命。這正是江先生的人生態度，他熱愛生活，樂觀豁達，又處世從容，甘於平淡，不計名利，直至，於平淡中見真彩，在樸實裏顯芳華，這樣的人生，不是很精彩麼？江家的堂名為賦修堂，賦修堂在西塘的塔灣街，鎮上的一個景點「桐村雅居」內，這裏原為江家大院，江先生在此度過了他的青少年時期。江家以經商起家，起初經營醃臘，後改為醬園，雖為商賈，卻注重修身養性，從堂名上可見一斑。

正是江先生這種樸實的人生態度，我們看到他在勤於治學的同時，還對地方文化投注了極大的熱情，為地方誌撰寫史料，為鄉土詩提供注釋，為平川書畫社藝事更是終日奔波，對晚輩新秀經常給予鼓勵，為西塘古鎮題寫招牌橋名、廳堂匾額、楹聯立幅者不計其數。有一年，鄉前輩著述、柳亞子作序的《踏燈詞》、《冶春詞》失而復得，江先生即高興地寫起了詩。

也在陽波閣，樂觀開朗的江先生自娛自樂地自創對聯、撰寫集句來了，這樣的墨蹟有很多，自創的句聯如「翰墨資吟興，雲泉適野情」，集句的如「醉裏和君詩愛將燕語追前事；病中留客飲更把梅花比那人」，才情飛揚，讓人百讀不厭。

那天，快要離開陽波閣的時候，雨還在滴滴答答地下個不停，我望著那個園子，當年的花壇如今因為沒人居住清理而雜草叢生

故居院中小景（夢之儀攝）

了。芭芭阿姨歎息說，爹爹在世的時候，這兒的假山盆景多美啊。

我的目光落在一叢野草上，因為雨水的洗漱，野草青綠得直刺我的眼睛，一時間我看不見別的，我想到了江先生，他的生命，看重的不唯詩詞書法，他更看重嚴謹的治學態度、正直的做人本質和才藝相通點畫提轉之間即現意境的書法精神，而金錢名利之心則全在他的腦後。

只是，江先生的一生，雖技藝精湛，聲名卻並不很彰顯，我想，這多半和他的職業及所處的地域有關，江先生生前只是一名普通的店員，他常年生活的西塘古鎮當年也和他一樣寂寂無名，江先生身後，西塘旅遊蓬蓬勃勃地發展起來了，江先生的藝術之長存也是無疑的。

有前賢如此，我如何不愛自己的家鄉呢？

2006年2月

人和土地，哪個更傳奇

——史念情牽新埭

要感謝禾塘的熱情，當我試探性地問他，雙休能否幫我們開車去一次新埭尋古探幽時，他馬上答覆我：我去！他的話如一縷陽光，令我眼前一片光亮，太好了！馬上約了史念先生，朋友中簡兒有空，願意陪我們同往，真是開心！

史念先生八十虛歲了，但是此刻看起來，精神比以前我們每次見到時都要好。我事前還真有點不放心，但看了他的神態，覺得不用擔心了。何況陽光燦爛，明媚的天氣便是給我們的最大支持。於是我們前往新埭。

史念先生在他喜愛的海棠花下
（夢之儀攝）

也許你會覺得奇怪，一個八十歲的老人，為何對這片土地充滿了巨大的熱情？這片土地又有著怎樣的傳奇？

　　這片土地當真充滿了傳奇色彩。傳說東漢末年，三國名將陸遜的祖上陸閎因避戰亂來到此地，於是有了鳳凰基。三國時，陸遜在此附近的泖河邊、華亭谷居住，他曾被封為華亭侯。到了西晉，陸遜的兩個孫子、著名的文學家陸機陸雲在此讀書、飼鶴，留下鶴唶涇的河名。清代，陸氏家族出了個大清官陸稼書，史先生在看過很多史書之後評價陸稼書，認為在海瑞之上，是一個值得大書特書的人物。鳳凰基和鶴唶涇兩個地方我在去年曾來看過，這一次，我們還想來看看與之相關的一些地方，或是那些帶點傳奇色彩的地方。

　　我們先到泖口鎮。

　　泖口鎮屬嘉興平湖市新埭鎮泖口村的一個小鎮。說到這裏，朋友們一定以為我搞錯了，哪裡聽說過村下面的鎮？天下之大，無奇不有，還真有這樣的事呢。回來之後我仔細對照上面的門牌，看出了其中的名堂。我們先到的一處，門牌上寫「泖口村－黃家埭幾號」，黃家埭顯然是泖口村下面的自然村，這很好理解，到了泖口鎮上，門牌寫「泖口村－泖口鎮幾號」，門牌上，泖口鎮之前還冠有泖口村這樣的字眼，奇就奇在這裏。小極了的小鎮被村子包圍著，小鎮一眼就能望到盡頭，小鎮在村之下，這是有道理的。

史念在只有一條街的泖口鎮
（夢之儀攝）

　　我想像中的泖口一片繁華。讀過一點點史書，知道那裏有著豐富多彩的故事，可是等我們到時，書中的繁華早已從現實中褪去幾十上百年。現在的泖口鎮，我相信是任何沒有到過泖口的人想像不到的，我想泖口鎮一定是全中國最小的鎮：只有一條街，這條街只有四五百米長，地上磨得光亮的舊石板路向人們展示著它過去的存在。只有一條街的地方能算是一個鎮嗎？是的，這裏至今還有幾戶城鎮戶口的居民。這個我們都沒有想到的問題，禾塘在與人閒談時問到了。這讓我非常奇怪，這麼荒涼的地方，我原以為，泖口鎮，無非是一個名稱而已。

　　是當地老人們的答覆把我們的疑問打消的，他們承認，這個鎮就這麼大，但是，當初街兩旁的商店卻是林林總總，今天我們在街上來回走過，發現街上還有兩家小店，一家是煙什店，一家是理髮店。此外，我還見到了一個特別的屋子，很像西塘的老街，分樓上樓下，但是這個屋子很破舊，樓上屋頂有光透過來，什麼東西也沒有，樓下的地方卻養了幾隻大肥豬。不知是豬的幸運還是泖口鎮的不幸，房屋的風水已經被豬搶去了。

　　泖口鎮街上狗聲吠吠，去了一條又來一條，簡兒怕極了，我們緊挨著走在一起，以前若是見到這麼多狗，我也怕極了，不過這次不知怎的全無懼意，儘管那狗就在腳邊。

　　來泖口，是因此處是陸稼書的出生地、歸隱地和埋葬地。説到陸稼書，經我們一問，史先生滔滔不絕地講了起來。明亡時，陸稼書十歲，長大後他也曾想反清複明，但呂留良對他説，你與清朝沒有關係，不用承擔這個責任，你去做個好官來報答百姓，於是他真的成了一個大清官。雍正皇帝最欣賞他，死後讓他陪祀孔子（幾千年來有幾人得此殊榮？），雍正最恨呂留良，呂留良死後還慘遭開棺戮屍之刑，但是陸稼書和呂留良卻是好朋友。

陸稼書故宅舊址（夢之儀攝）

聽著聽著，我們不覺笑起來，歷史有時是這麼不可思議。同樣讓人不可思議的，作為一個山東人，史先生在嘉興是一個奇跡，可以毫不誇張地說，沒有一個嘉興人比他更瞭解嘉興，嘉興幾千年的歷史都在他心中積澱下來，隨時都可以抖落一些風塵來。

然後我們就去看陸稼書的祠堂。祠堂還在，不過非常破舊，名稱也改了，為龍頭寺。祠堂的建築很高爽，有平常的兩層樓那樣高，柱子柱石該是原物吧。菩薩並不高大威猛，令人眼前一亮的是鋪在供桌前地上的墊子，是一塊傾斜著的長而大的木板，不用說，可以讓很多善男信女同時跪拜菩薩。我看不到泖口的繁華，但是這條長而大的木板，似乎給我暗示了她昌盛時的姿態——一個沒有煙火的小寺廟是不需要這東西的。

邊上還有一座屋子，面河而建，是祠堂的附屬建築，有八九間的樣子，但遠沒有主建築的高爽。

面向上海塘的龍頭寺（夢之儀攝）

　　地名為泖口，我以為流經的總該是泖河。一年前，我是見過泖河的，只是不在此處。我見到的泖河很窄。聽史念先生給我們講過太湖流域的這段歷史地理，早先的時候，太湖水橫流，到春秋戰國，「三江既出，太湖既定」，太湖水通過三江流到大海。三江者，北為婁江（流經昆山一帶），中為吳淞江（即現在的蘇州河）、南為東江（流經嘉興平湖一帶），此處是東江流經的地域，只是在今天，婁江、東江皆已不存。到唐時，太湖平原下沉，東江水流不到大海，於是出現三泖，泖河分三段，分別為大泖、圓泖和長泖。明初開挖黃浦江，才真正解決水害。

　　我想是泖河流到這裏變寬了吧，也許就是圓泖了。我不假思索地這麼認為了。可是，當史先生問當地人時，他們卻說，這河名上海塘，再問河過去的叫法，他們只知道上海塘，再問知不知道泖河，他們都不知道。我們向江面投去目光，太陽的映照下，河面波光粼粼，一隻只現今鄉村河道極難見到的大船，不停地往來著。

　　河兩岸各有一個石頭做的渡口，以前這河上有渡船，上了對岸不遠就是金山縣城。這裏過去是滬浙兩省的主要通道，附近的人上街，不去平湖縣城，而去金山縣城，因為金山要近得多。公路不發達的時候，交通以水運為主，今天這來來往往的船隻，還有這渡口，見證了曾經的繁華。史料是真實的。

龍頭寺俊影（夢之儀攝）

劉公祠的古戲臺（夢之儀攝）

今天的泖河（夢之儀攝）

但是陸稼書的墓已經不存在了，據說在乍橋浜只剩下一坏黃土。因為問了幾個人都不清楚，我們只好無功而返。

到的第二站是劉公祠。史先生告訴我們，劉公祠祭的是南宋名將劉琦，他因抗金屢建奇功，被百姓尊為「劉千歲」，是民間口口相傳真正的劉王，而不像嘉興蓮泗蕩劉王廟供奉的劉承忠，是清朝皇帝為鞏固他的統治地位，指定了「滅蝗猛將軍」劉承忠封的「普佑上天王」，儘管都是英雄，對封建統治階級而言，卻有著本質的區別。劉公祠內桂香滿園、芙蓉爭豔，眼觀身受都是美景。邊上一個高高的戲臺，是廟會時做戲用的，據說每年的中秋節前後，這裏人山人海，王文娟曾在這個戲臺上動情地表演過。簡兒連連稱讚，覺得舊時人物在這樣的臺上，在萬人的讚歎聲裏，盡情地演唱，人生是非常華美了。

因為在劉公祠意外地聽到不遠的東邊就是泖河，想到我們真弄錯了，把上海塘當作泖河，於

是決定去看看。泖河是窄窄的，我想下次不會再搞錯了吧。一河之隔，過了橋就是上海界了。泖河邊上，上海境內，是成片成片的桂花樹，讓人欣喜。路邊一塊施工牌上，寫著「廊下建築隊」，攔住路人一問，對面是金山的廊下鎮，再過去是呂巷鎮。

回來的路上，我們還是聽史先生講歷史。這一路之上，他不停地說了很多故事很多人，三泖、陸稼書、呂留良、王陽明等等。記得我最初寫方令孺時，有一次提到她，史先生便說起方令孺在文革中的故事，又有一次我和他說起黃源，他講起黃源在華東大學的故事，禾塘因為在研究褚問鵑，一提起，史先生又說開了。沒有人不在他心裏，你說這傳奇不傳奇？

因為和史先生熟悉，有時他會和我們聊他的朋友，史先生把他的朋友分成四類，政界的一類，科協的一類，文學的一類，藝術的一類。據我所知，文學這一類中，又有好幾批，有報社的，有電視臺的，有書店的，有學校的，我們也是其中的一批，藝術這一類，又分畫畫的、昆曲的等等，真是什麼樣的人物都有，但可以肯定，都是文化人士，是真正的「談笑有鴻儒，往來無白丁」，所以他的家通往高朋滿座，有活動還得提前預約，像看病看高級專家門診一樣。我是非常幸運的，大約史先生覺得我來一次嘉興不容易，凡有事他總是答應了我，再把其他的約定取消，就像這一次，當我們到他小區門口時，有兩個他電話聯繫不到的朋友，因我們的到來而離開，他們再約時間見面。

一個八十歲的老人，活動之多遠在我們年輕人之上，記憶還驚人的好，最重的，史先生對嘉興這片土地充滿了深情厚意，只要與嘉興有關的，他都抱有濃厚的興趣。有一天他讀劉義慶撰、劉孝標注的《世說新語》，注意到這段話：

陸平原河橋敗，為盧志所讒，被誅。臨刑歎曰：「欲聞華亭鶴唳，可復得乎！」八王故事曰：「華亭，吳由拳縣郊外墅也，有清泉茂林。吳平後，陸機兄弟共遊於此十餘年。」

由拳不就是古代的嘉興嗎？於是他把目光投向了華亭，投向了泖河，投向了鳳凰基。他細細地區別華亭鄉與華亭縣的不同，分析出「華亭鶴唳」所在的華亭，是指古華亭鄉，而不是指後來成為松江的華亭縣，華亭鄉不在現在的小昆山，而在平湖、金山一帶，到清末平湖新埭一些地方，還歸屬華亭鄉呢。如今，考察、考證工作還在繼續，博覽群書的他，也許哪一天又會有新的發現——我們不能將這樣期待的目光投注在一個八十歲的老人身上，但事實往往會出人意料——這樣的發現，對於這片土地是一個奇跡，對於他個人更是！少有人比他更傳奇。

因為一次新埭之行而想到了很多，我原本無意寫本文，或者說原本是想三言兩語就要結束的，但這兩天，腦子裏儘是這些，一落筆也變得悠長了，一如時間，有時會變得很長很長，但是我們超不出時間的範疇，所以，凡事總會有結束的時候。

2010年3月11日

重讀此文，不覺感傷。時間才過去不久，史先生卻已經離我們而去，謹以此文紀念這位摯愛嘉禾大地的齊魯之子。

人文西塘

——文化西塘的一鱗半爪

西園風流

　　大凡老一輩的西塘人都還記得西塘計家弄內的西園，在數不清的江南園林中，西園實在是太平常了。只是到了民國的時候，西園以其特有的江南風情建立起屬於古鎮特有的文化品位，西園遂不朽於文化人心中。所以，當年九十一歲的蔡韶聲老前輩回憶起六十七年前與柳亞子同遊西園時，不覺感慨萬千。

　　西園初建於明代萬曆年間，本是鎮上朱氏的私家花園。朱氏當時可謂鎮上豪門，從遺存在古弄中結構龐大的走馬堂樓便可見一斑。後來朱氏敗落，遂將西園出讓給孫氏。民國初，孫氏將西園借給其親戚開茶室。自此，西園便以其儒雅的氣度接納了四方人物，尤其是那些喜愛她的文人墨客。

　　西園的茶室名「聽濤軒」，因東側假山上一株松樹迎風有聲之故。「聽濤軒」日復一日，迎來了一批又一批的文化人士，正是這些文化人的到來，為古老的西園平添了一幅幅動人的風景，西園韻事得以流芳千古。

1920年的冬天，詩人柳亞子來到古鎮西塘。那一天，他偕同同裏陳巢南與鎮上文人聚於南社社友余君十眉家仁榮堂，即席聯句，詩酒唱酬。當晚，柳亞子下塌於餘家「探珠吟舍」。次日，他們於西園吟敘合影，攝影畢，陳巢南即題曰：「西園雅集第二圖」，並題詩句，柳亞子繼之，餘者皆有和作。蔡韶聲在《西園雅集第二圖記》中說：「昔米元章黃山谷輩有西園雅集圖，圖中服飾融用，俯仰動靜，彌不畢現，千載之良會，萬古之韻事也。展卷器心，每憾不能竄身入畫，與古相接為恨。」今人閱之，不免也生同樣的感歎。這令人想到開封的古吹台，當年李白、杜甫、高適三人前來瞻仰師曠遺風，後人乃建三賢祠以紀念三位詩人。不同的風格，同樣的心思罷了。

一年之後柳亞子再次來到西塘，詩友諸子在樂國酒家歡聚暢飲，次日又來到西園茗敘。時魏塘張天方博士的妹妹張驤安女士也在西園，張女士性格開朗，酷愛詩文，與柳亞子一見如故。這一年，西園的「聽濤軒」早早地迎來了和煦的春風。

這以後的十多年中，西塘的文藝社團以西園為依託蓬勃發展。鐘靈毓秀的西園為古鎮培養了一大批詩詞書畫金石愛好者。民國十四年，以研究文學、砥礪道德為宗旨的胥社成立，社長江雪塍詩詞書法俱工。是年中秋佳節，胥社於西園「聽濤軒」舉行第一次雅

集。想來該是松樹有幸，因植於西園而倍受文墨的薰陶。後來江雪塍又創建了平川金石書畫社，把文化藝術再次發揚光大。

1935年之後的西園與胡蒙子有了密切的聯繫。這年，孫氏將西園典給了胡蒙子，胡蒙子改「聽濤軒」為「觀日軒」。胡蒙子幼從鎮上舉人陸謹涵處攻讀國學，後創辦嘉善縣立初中，又曾任職昆明西南聯大，三十餘年從事教育事業。1946年夏，西康噴噶活佛呼圖克圖，來上海訪問，繼往嘉興楞嚴寺開「時輪金剛法會」，並將訪遊杭州。已從西南聯大退休返回故里、素信佛教的胡蒙子，特邀活佛來西塘，下塌於西園「觀日軒」。活佛卓錫西塘，乃是鎮上佛教中的一件大事，西園也因此增色。

也就在這一年，嘉善縣成立修志館，胡蒙子任館長，鎮上郁慎廉、江雪塍為編纂，當年修志館便設在西園。直到1951年胡蒙子生退居舊室，將西園還給孫氏，孫氏出售園內房屋花木，西園遂廢。古老的西園便成了今天人們記憶中的歷史。

然而歷史的塵煙終究掩不住其光華，西園的風流銘刻在古鎮文化人心中。今天重建西園以紀念那段歷史。

胥社舊事

西塘，又名胥塘，地處古吳越交界處，故又有「吳根越角」之稱。作為一個文學社團——胥社，它在西塘的成立，並不是偶然出現的現象，胥社的誕生，與當時柳亞子倡導下濃郁的文化氛圍是分不開的。

1909年，柳亞子與陳巢南、高旭等發起組織文學團體「南社」，作為反對北庭的旗幟。1917年，南社發生內訌，柳不再參加南社社務。這之後，柳亞子泛舟汾湖，遊西塘，成《吳根越角雜詩》百二十首；赴周莊，作《迷樓集》；再赴西塘，撰《蓬心

江雪塍

草》，後將《蓬心草》、《蓬心補草》、《蓬心和草》、《蓬心續草》等詩，合併為《樂國吟》出版，這是發生在1920年到1921年間的事。

西塘諸多文學愛好者，因受南社的影響，學習吟詠詩詞，在這樣的一種文化的背景下，胥社誕生了。

那是1925年中秋月圓時節，胥社的第一次雅集於西園「聽濤軒」舉行。當時參加的社友有二十一人。社長為舍北草堂主人，號稱「桐村雪子」的江雪塍。江雪塍自幼受文學薰陶，工詩詞，擅書法。胥社成立之前，1923年，他與文壇諸友創辦《平川半月刊》，十年後，1935年，又組織「平川金石書畫研究社」。抗日戰爭爆發後，江雪塍寓居上海，晚年因慕吳中名勝，遷居蘇州。遺留下的作品有《江雪塍先生遺稿》（內分《舍北草堂詩》、《三雨窠齋詞》），另曾有《聞樨館雜錄》稿已佚。胥社成立之初，社友們詩詞酬唱，其情融融。

　　1926年清明後二日，胥社一批文友前往棲僻園舉行第二次聚會。棲僻園坐落在鎮之西南地名蔡浜的地方，該園建於清道光年間，園主人朱蓮燭刊有《棲僻園唱詩鈔》，尤以一幅畫圖聞名，該圖原為朱氏所葳，經亂久失。棲僻園水榭風亭之處，可謂景色宜人。當時胥社同人慕名乘舟載酒前往，園主蓮燭後代朱禮齋親自招待。好春時節柳如煙，翩翩文人共一船。文友們透迤三徑，流連往返，迫暮始歸。

　　次月中旬，胥社同人又去東郊草裏孫楊氏義莊之怡園，再次舉行雅集。楊氏義莊前為祠堂，後為花園即怡園。怡園又名涉趣園，曾有《涉趣園唱和集》行世。「草裏孫前綠草肥，蓮花涇上亂花飛，流鶯個個轉春色，蝴蝶翩翩成粉圍……」從蔡韶聲的詩中可知，草裏孫楊氏義莊同樣是一個優雅可去之處，更兼園外臨溪的照水亭風韻別致，因此直到月上樹梢文友們才盡興而返。江雪塍先生哲嗣、書法家江蔚雲當時年僅十三、四歲，是胥社幾次雅集的參與者與見證者。

　　有了這幾次雅集的基礎，便有了《胥社第一集》的結集出版。《胥社第一集》包括了社友的詩、詞、文創作，卷首述胥社緣起，書末有附錄，收詩320首，詞19首，文20篇，當時化了一百多銀元，為毛邊紙的鉛印物，無錫的印刷廠承印。

　　胥社另有一次未果的雅集和一本流產的集子。

　　祥符塘東北有一獲秋庵，明萬曆年間高攀龍於此講學，專講「性命義理」之學，即理學，胥社同人想假此聚會後以事中止，後蔡韶聲倩人畫成「獲秋訪歸圖」而已，而「胥社第二集」則因抗日戰爭的爆發而未能成書。當時集子已預付銀元交於印刷廠然最終不見面世，這不能不說是胥社的一大遺憾。

點滴西塘

話説南宋建炎二年（1128），西塘小鎮著實風光了一回。宋高宗來西塘尋訪朱六郎，稱其是夢中救駕功臣。時六郎已死多日，於是宋高宗敕封六郎為紫薇侯，並建廟祀之，便有了朱六廟。多年前，北京作家東方龍吟來到西塘，除了考證西塘成集鎮的時間外，提到許多古跡，也問起朱六廟的舊址所在。當時的我，很驚訝於一個遠在幾千里之外的異鄉人對古塘竟有如此深的瞭解！這不能不説是一件奇事。

説到南宋時的西塘，需要大書一筆的是鎮上大姓唐介福、介壽兄弟，他們先建別墅唐氏園。咸淳元年（1265）唐介福又捐宅建東西觀，東觀為東嶽廟，西觀即福源宮。唐氏兄弟也許不曾想到，他們所建的道觀，在七百多年的風風雨雨中見證了小鎮的歷史。明永樂年間，戶部尚書夏原吉巡視浙江，治水三吳，駐節福源宮，在福源宮前立「憂歡石」以測水位。明宣德年間道士湯為於福源宮廢基上修建三清殿，供奉玉清元始天尊、上清靈寶天尊、太清道德天尊。明正德十年（1515）縣丞倪機在東嶽廟舊址建廟祀八蠟，兩年後，倪機於八蠟祠創建平川社學，這是鎮上第一座官辦學校。民國時僧人寶成重建東嶽廟，供東嶽大帝。直至今日，福源宮雖只存在於先賢周鼎的《蘋川十景詩》中，然則東嶽廟香火旺矣。

唐氏兄弟給西塘留下的又何止這些？咸淳年間，唐介壽在福源宮西建孩兒橋，孩兒橋又名飛仙橋。西塘現存一座最古老的橋為望仙橋，位於福源宮前，因唐介壽立橋望仙而得名。也許是信奉道教之人，唐氏兄弟對成仙之道的嚮往，給今日的西塘留下了諸多美麗的傳説。

拈花庵則建於元至正二十四年（1364），址在鎮東霜字圩。拈花庵橋在其西，清光緒二十年（1894）縣誌關於「斜塘鎮圖」上赫然可見。拈花微笑作為佛教中的經典也無一例外地影響到了這個小鎮。

元代另有一處奇觀在沙棠莊。沙棠莊為元大姓馬氏居之，位於西塘鎮東。明正德版《嘉善縣誌》記載，沙棠莊內有一棵垂絲海棠，樹圍有四尺，旁有海棠亭和釣魚臺。可以想像，垂絲海棠和主人都曾是這個小鎮的榮耀。

說到藝術，西塘早期有個文人社團為師竹社，成立於清乾隆年間，以研究交流書法為主。社員之一王志熙，據《中國畫家大辭典》（1982）記載，王以行草書擅名，兼工山水、精鑒賞，嘗作論畫詩百絕。其墨蹟至今在醉園留存。

清代另有一書家名許蔚庵，工書法，斗書小楷無不精妙，骨韻俱勝，據說身前名不出鄉里，歿後日本人曾以鉅資收其墨寶。

王志熙書對聯

藝術的歷史在西塘可謂悠久，藝術點綴了西塘。藝術和那些還存在或被湮沒的古蹟一起，使西塘成為藝術的古鎮、人文的古鎮。

沉醉藝香

「醉園」得名緣自醉經堂，醉經堂為王氏家族在西塘的堂號名，意為沉醉於四書五經。醉經堂內有藝香齋，為主人讀書創作的書齋，又有王氏父子版畫館，是展示兩代主人王亨、王小崢父子版畫作品的場所。醉園雖小，然精緻典雅，其內書香紛呈，藝香不絕，令人流連。

王氏家族文化，可謂源遠流長。其世祖王志熙係清代詩人、書畫家，藝香齋內尚留一副保存完好的木對聯，可一窺其作品風貌。據說其畫亦頗得元人三昧，惜無緣得見。王亨父親王慕仁，工書法，精醫術，擅雞毫行書，生前為省書法家協會會員。家族文化翰墨遺韻，至今留香。

王亨、王小崢父子，因襲祖上前輩之靈氣，承受家族文化之薰陶，開創了古鎮藝術的新天地，他們創作的以水鄉古鎮風情為素材的版畫，成了古鎮西塘一道獨特的風景。王亨在學生時代以學習素描為主，在中學時得以結識已故中國美術學院教授、著名版畫家張懷江先生，後來學習版畫就得到先生指導。王小崢受家庭影響，從

小耳聞目染，在版畫、油畫、國畫山水上都頗有成績。在版畫的創作風格上，父子兩人俱繼承張懷江先生衣缽，以寫實風貌體現，但又各具千秋。王亨先生的作品更多地以細膩的線條、靈動的音律展現水鄉的風姿神韻，把觀賞者引入他的精緻的世界中而思緒飛揚，如版畫《夜泊》所表現的正是這樣獨特的景致：月上枝頭，岸邊的水鄉人家沐浴在清冷的月光下，幾隻小船靜靜地泊在被月光籠罩著的樹蔭下，月夜的詩意盡在無言之中。又如《槳聲悠悠》、《月夜小景》、《塔灣水巷》等等，王先生以他版畫的成熟技巧盡情地展現了水鄉古鎮的多姿風貌。而王小崢作品的表現風格較為豪放，又不失樸實，在《水鄉印象》中，房屋建築錯落有致，小橋流水井然有序，卻是另一種略帶些抽象的風格了。版畫館內共展出父子兩人二百多件的作品。為此，縣博物館吳靜康先生題寫了祝賀聯：「一生寄情江南水，三分得意海上風」，令人信服。

　　版畫是「醉園」的精華部分，但醉經堂馬頭牆下那參天的芭蕉、數叢翠竹、醉雁橋下的幾尾紅魚、古色古香的木格子窗，又何嘗不讓人心動？如今已年屆古稀的王亨先生，雖然頭髮眉毛都白了，然精神矍鑠，顯示出智者氣韻。

　　走在醉園，走進藝香齋，走向繽紛的版畫世界，我沉醉於芬芳的藝香中。

王亨和他的版畫（夢之儀攝）

鄔燮元治印

　　我認識鄔燮元先生久矣。大約在我初入平川書畫社的那段日子，記得是每週日的下午，在古鎮西塘薛宅的崇稷堂，即現在的紐扣博物館，我們一些社友必來堂上一聚，同時交上帶來的冊頁，那是我們每週的功課。就在那裏，我初識燮元其人和他的絢麗多姿的篆刻作品，此事距今十有餘年。

　　後來我們一直斷斷續續地聯繫著，我也曾請他刻過幾枚別致的印章，用在我少得可憐且不成氣候的畫上，燮元刻的印章常會在第一眼引起別人的注意，我畫上的幾根墨色的線條呢，當然被冷落一旁了，雖然這樣，我仍常常以此為豪，那是我的朋友嘛。

　　燮元的篆刻，以元朱文最為突出。元朱文印創自於元代趙孟頫，表現圓勁和婉的風格。篆刻發展到現在，流派眾多，但鄔燮元始終堅持傳統，並努力從傳統中出新意。已故書法家江蔚雲先

鄔燮元在刻印（夢之儀攝）

生曾諄諄教導，傳統是基石，一味地追求張揚怪異，或許能很快成名，但不是藝術的正道；在傳統中創新，創造藝術的美才是發展的方向。鄔燮元牢記江先生的這些教誨，在平凡的日子裏孜孜不倦地努力著。

燮元的篆刻作品，到如今不下兩千方，早年的時候，他刻過「平川十景」印。平川十景取自明代周鼎的蘋川十景詩。這十方印章，每一印朱白疏密自然，自成一體。如「西塘曉市」用的是較為方折的瓦當文字；「福源精舍」以繆篆入印，所謂繆是綢繆的意思，繆篆即筆劃如絲之纏綿的篆文；「斜漊來帆」用朱白文相間處理；「環秀斷虹」筆勢飄逸，似有流動感；「漁家柵口」印用的是葫蘆形，通過筆劃的處理，整方印章渾然一體。其他幾枚，朱文圓潤委婉，白文平整規矩，印章形狀且不盡相同。他通過方寸世界來表現古鎮幽雅的意境和韻味，這不能不說是小鎮的一件幸事。

燮元的篆刻，最負盛名的，如元朱文的「莫等閒，白了少年頭，空悲切」、細白文「月夜一簾幽夢」等，刀法嫻熟，自成一格。他的博客千百度，常有印拓展示。

幾年前，燮元離開西塘長居嘉興磚橋弄，這期間他開始了唐宋詩詞句的篆刻，五柳詩情、東坡意境，在他的印章中栩栩地表現了出來，當然，在這些印章中，用的最多的還是元朱文和細白文。他刻的詩詞句「我欲醉眠芳草」、「春風十里柔情」、「楊柳岸，曉風殘月」、「紅杏枝頭春意鬧」等，皆落拓瀟灑，他還以嘉興名勝古跡入印，如「曝書亭」、「煙雨樓」、「鴛湖」等，也有純粹的閒章，「寄興」、「心與白雲閒」、「作個閒人」等，這時候邊款上往往加了「秀水」、「鴛鴦湖畔」等字。古老的禾城給他帶來悠悠思緒，閒閒詩情，盡寄其中。他覺得，能在自己喜愛的篆刻中，不斷尋找愉悅，人生也就非常滿足了。

郟燮元篆刻「獨立小橋風滿袖」入選全國第六屆篆刻藝術展並被編入作品集

因為燮元多年的堅持和投入，他在篆刻領域獲得了累累碩果，2001年，他的一方細朱文印「眾裏尋他千百度」入選當代古典細朱文印精品展，並被編入精品作品集；2004年，他的朱文印「三人行必有我師」入編西泠印社國際印學社軒精品博覽，並在杭州展出；2005年，他的「濤聲聽東浙，印學話西泠」、「斜陽獨倚西樓」入選全國第五屆篆刻展覽並被編入作品集，2009年，他的「獨立小橋風滿袖」、「脈脈花疏天淡，雲去來，數枝雪」等四枚印，入選全國第六屆篆刻藝術展並被編入作品集。現在的他，全國書協的申請表已經上報。

有了燮元多年來不俗的成績，西泠印社社員、同為嘉興人的傅其倫特地為他制並書每字五十元的潤格。

看到燮元有這麼大的收穫，我心底裏為他高興。自小對篆刻和書法的濃厚興趣，多年來對陳巨來、韓登安等名家印譜的潛心鑽研，積年累月於分朱布白間的

揣摩推敲，這一切都沒有白費心血，尤其對他這樣一個有殘的人來說，不是更加難得？

先前的時候，我會在塔灣街燮元家中小坐，我常常會看到他拿出一些刻好的印章來，或者印譜一類的，我雖然多半看不懂印章上的字，但看他一日三摩挲的樣子，心裏著實被感動著。喜歡一件事，投入進去，不為名不為利，只為了自己的喜歡，這多好啊。

為人而言，燮元脾氣極好。當初我曾貿然請他刻章，他非常爽快地答應了，為我刻過的多枚閒章，「閒看花開花落」、「夢裏花開」等，讓我愛不釋手。他也曾為西塘卓土浩先生刻過「荔主傳家八百年」，為江蔚雲先生刻過「梁溪王西神弟子」、「印舸翰墨」等章，也為我們一些朋友刻過鳥蟲篆，刻過青龍、白虎、朱雀、玄武的四靈印。

因為他的篆刻，燮元結識了一些文藝界名人。他曾給《書法報》投稿，書法報主編陳新亞寫來了熱情洋溢的信，我在燮元嘉興的家中看到此信，陳先生稱讚說「諸印刻制甚精到」。我國著名美術史論家、畫家、詩人王伯敏也與燮元交好，燮元曾為他刻製了「半唐齋」、「伯敏長壽」等印章，王先生自以為在晚晴的生活裏，是「邀月歌吟書畫樂」，燮元又刻了這樣一枚印章送他。他為蘇州畫家凌虛先生刻「凌虛九十歲後作」，落落大方，氣象不凡。

我與巴金研究專家周立民相熟，有次我送他一幅自己畫的墨蘭圖，畫上當然是燮元的印。立民兄一看畫上的印，便喜歡上了，也想刻幾枚，那當然沒問題，於是就有了「竹笑居」、「枕上詩書」等印。後來他讓我送去來楚生印譜和珍貴的《巴金〈寒夜〉手稿珍藏本》，又有一次，立民兄送給鄔燮元他自己著的《另一個巴金》，並在書的扉頁上寫道：屢煩先生治印，無以為報，以舊作求教，乃秀才人情也。去年我們設想成立水雲社印製琴韻錄叢書，自然又想到請燮元刻章，於是有了「水雲社」、「琴韻錄」的印章，

「琴韻錄」第一輯五冊，每本書的封底都蓋有非印刷的「琴韻錄」朱文印。這一次，因為一個偶然的機會，立民兄要替燮元出一本印譜，雖然印量不多，但對於燮元的藝術生涯有著重要的意義。因為燮元的篆刻，引來了一段佳話。我想，今後的日子裏，這樣故事一定會更多，那都是因為篆刻。幸哉，多麼美好的故事！

後記（一）

　　三年前，我無論如何也不會想到今天會有這本小書的問世，當然也不會想到這本小書會以自印書這樣的面目呈現，一切都是偶然。對於我這樣一個信命的人來説，歸於「命」會是最好的解釋：在命運面前，我是幸運的。

　　我還記得，2004年11月的一天，周立民兄來西塘，後來我們就到梅花庵——元代畫家吳鎮的墓前，他以一個學者兼文學評論家的本色，敏銳地意識到，嘉興的文化名人是一筆豐富的資源，於是建議我以故居為切入點來做個系列。當時的我雖然對歷史、方志類有很濃的興趣，但對名人文化根本就不瞭解，好在我的勇氣可嘉，我接受了這個建議，並且很快地投入了進去。

　　尋訪故居、閱讀資料再形成一段段的文字，這個過程是趣味盎然的，但也是相當困難的——包括學識、思想、閱歷等等，我都遠遠跟不上，幸運的是，從開始這個系列的寫作到結束，我始終得到立民兄的幫助和指導，毫無疑問，他是我遇到的最好的老師，所以，我由衷地感謝他。

　　時間一恍就是三年。這三年裏，我的生活曾發生了一些變故（生病），有很長一段時間，我中止過這個系列的進行，但終於克服了這些外在的因素，回到正常中來，所以，我還要感謝我的先生兒

子父母等親人，是他們在我身心艱難的日子裏，給了我極大的關心和照顧。

　　尋訪故居的過程也是孤獨的，可喜的是，我的兒子信爾以做我的「小助手」為榮，幫忙拍照、錄音、提包等，一路陪伴了我，讓我不至於寂寞，我得感謝他。

　　我也要感謝媒體對我的關心，感謝《浙江日報》、《大連日報》、《文匯報》、《煙雨樓》、《中國稅務報》、《南湖晚報》等的編輯們，尤其是《人物》雜誌王寅生主編、李京華編輯對我這個系列的幾度賞識，讓我信心倍增，還有《浙江稅務》周繼忠總編、洪筱箐等編輯對這些內容的肯定，並且編輯部在2005年到2007年連續三年把我以這個內容參與的徵文的一等獎榮譽給我了，這是對我莫大的鼓舞。

　　寫到這裏，忽然意識到，我的對文學的濃厚的興趣，緣於學生時代，所以我也要感謝我的三位語文老師朱善玉、吳重秋、徐井崗對我的關愛，尤其是吳重秋老師極大地激發了我對文學的興趣，是他把我帶到文學這個充滿色彩斑爛的世界裏，以至今天的我才有這麼一點小小的收穫。

　　我還要感謝朋友張麗萍（夢裏水鄉），她幾次為我這組文章的發表到故居拍照，有兩次是冒著嚴寒去的，真讓我感動，雖然這些照片此次沒有機會與文章一起出現，但希望有一天能夠。

　　此外，我要感謝《嘉興市志》主編史念先生在文史方面對我經常的指點，感謝嘉興圖書館章明麗館長為我借閱圖書提供了極大的方便，感謝嘉善圖書館姚春新副館長為我查閱資料提供了幫助，特別是還要感謝我文中提到的和沒有提到的所有關心我的朋友們，還有尋訪故居中曾為我指過路的陌生的朋友們，他們的熱情鼓勵給了我極大的動力，另外我感謝領導同事的理解和關心，讓我能夠從容面對。

　　對文學的癡迷始終不改我心底的一個夢，我做過很多年的小說夢，今天的夢是三年前不曾做過的。一個做了多年小說夢的人，今天很意外地為三年前未曾做過的夢結夢，來完成這本小書，我仍然覺得我是幸運的。

夢之儀

2007年10月11日晚十時半

2008年春節補充

後記（二）

　　去年深秋的時候，差不多同時有兩個好消息傳來，海飛兄告訴我，他準備將《嘉禾流光》中的文章在他執行主編的《浙江作家》雜誌連續刊出。那天，我們一班朋友簡兒、青鹿等參加《浙江作家》組織的筆會，正走在臨安浙西大峽谷的白馬崖，山裏已經下過雪了，得到這個消息的我特別高興。

　　之後不久，我去上海復旦大學參加第九屆巴金國際學術研討會，正是在復旦的校園，朱曉劍兄轉來臺灣學者蔡登山先生的意見，臺灣出版社已將這本《嘉禾流光》歸入「世紀映像」書系，列入出版計畫。真沒想到會有這樣意外的好消息，我是太開心了，馬上將這個消息告訴了周立民兄，他也替我高興。這本書是他策劃的結果，更是他悉心指點下的產物，沒有他的指導，我很明白，是不可能有這本書的。

　　2008年，我們自印一套「琴韻錄」叢書，我把這本小書也收入其中。當初自印這些書的時候，只是出於對印書的好奇，就算一本自印的書也很有成就感，但沒有想到，現在能正式出版了，而且居然在臺灣出版，這更是意料之外的事。正好，不久前上海陸盛華老師給我的自印本《嘉禾流光》作了勘誤，這樣，我就省事了很多。

能夠有機會正式出書，這是對我極大的鼓勵。那麼，讓我繼續努力吧！

夢之儀

2010年3月10日

世紀映像叢書

世紀映像叢書

世紀映像叢書

世紀映像叢書

世紀映像叢書

世紀映像叢書

世紀映像叢書

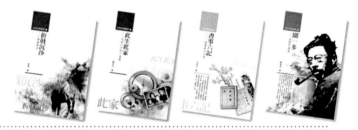

史地傳記類　PC0123　世紀映像叢書62

嘉禾流光
——追尋嘉興文化名人的足跡

作　　　者/夢之儀
主　　　編/蔡登山
責任編輯/蔡曉雯
圖文排版/陳湘陵
封面設計/蕭玉蘋

發　行　人/宋政坤
法律顧問/毛國樑　律師
印製出版/秀威資訊科技股份有限公司
　　　　　114台北市內湖區瑞光路76巷65號1樓
　　　　　電話：+886-2-2796-3638　傳真：+886-2-2796-1377
　　　　　http://www.showwe.com.tw
劃撥帳號/19563868　戶名：秀威資訊科技股份有限公司
　　　　　讀者服務信箱：service@showwe.com.tw
展售門市/國家書店（松江門市）
　　　　　104台北市中山區松江路209號1樓
　　　　　電話：+886-2-2518-0207　傳真：+886-2-2518-0778
網路訂購/秀威網路書店：http://www.bodbooks.tw
　　　　　國家網路書店：http://www.govbooks.com.tw
圖書經銷/紅螞蟻圖書有限公司
　　　　　114台北市內湖區舊宗路二段121巷28、32號4樓
　　　　　電話：+886-2-2795-3656　傳真：+886-2-2795-4100

2010年10月BOD一版
定價：240元

國家圖書館出版品預行編目

嘉禾流光：追尋嘉興文化名人的足跡 / 夢之儀
著. -- 一版. -- 臺北市：秀威資訊科技，
2010.10
　　面； 公分. -- (史地傳記類；PC0123)
BOD版
ISBN 978-986-221-594-4(平裝)

1. 作家 2. 傳記 3. 浙江省嘉興市

782.623/119   99016590

讀 者 回 函 卡

感謝您購買本書，為提升服務品質，請填妥以下資料，將讀者回函卡直接寄回或傳真本公司，收到您的寶貴意見後，我們會收藏記錄及檢討，謝謝！如您需要了解本公司最新出版書目、購書優惠或企劃活動，歡迎您上網查詢或下載相關資料：http:// www.showwe.com.tw

您購買的書名：＿＿＿＿＿＿＿＿＿＿＿＿＿＿＿＿＿＿＿＿＿＿＿＿

出生日期：＿＿＿＿＿年＿＿＿＿＿月＿＿＿＿＿日

學歷：□高中 (含) 以下　　□大專　　□研究所 (含) 以上

職業：□製造業　□金融業　□資訊業　□軍警　□傳播業　□自由業
　　　□服務業　□公務員　□教職　　□學生　□家管　　□其它＿＿＿

購書地點：□網路書店　□實體書店　□書展　□郵購　□贈閱　□其他

您從何得知本書的消息？

　□網路書店　□實體書店　□網路搜尋　□電子報　□書訊　□雜誌

　□傳播媒體　□親友推薦　□網站推薦　□部落格　□其他＿＿＿＿＿

您對本書的評價：(請填代號　1.非常滿意　2.滿意　3.尚可　4.再改進)

　封面設計＿＿＿　版面編排＿＿＿　內容＿＿＿　文／譯筆＿＿＿　價格＿＿＿

讀完書後您覺得：

　□很有收穫　□有收穫　□收穫不多　□沒收穫

對我們的建議：＿＿＿＿＿＿＿＿＿＿＿＿＿＿＿＿＿＿＿＿＿＿＿＿

＿＿＿＿＿＿＿＿＿＿＿＿＿＿＿＿＿＿＿＿＿＿＿＿＿＿＿＿＿＿＿＿＿

＿＿＿＿＿＿＿＿＿＿＿＿＿＿＿＿＿＿＿＿＿＿＿＿＿＿＿＿＿＿＿＿＿

＿＿＿＿＿＿＿＿＿＿＿＿＿＿＿＿＿＿＿＿＿＿＿＿＿＿＿＿＿＿＿＿＿

11466
台北市內湖區瑞光路 76 巷 65 號 1 樓

秀威資訊科技股份有限公司　　　收

BOD 數位出版事業部

....

（請沿線對折寄回，謝謝！）

姓　　名：＿＿＿＿＿＿＿＿＿　年齡：＿＿＿＿　性別：□女　□男

郵遞區號：□□□□□

地　　址：＿＿＿＿＿＿＿＿＿＿＿＿＿＿＿＿＿＿＿＿＿＿＿＿

聯絡電話：(日) ＿＿＿＿＿＿＿＿＿　(夜) ＿＿＿＿＿＿＿＿＿

E-mail：＿＿＿＿＿＿＿＿＿＿＿＿＿＿＿＿＿＿＿＿＿＿＿